ALBERT SOUBIES

LE
THÉATRE-ITALIEN

DE 1801 A 1913

PARIS

LIBRAIRIE FISCHBACHER

Société Anonyme

33, RUE DE SEINE, 33

1913

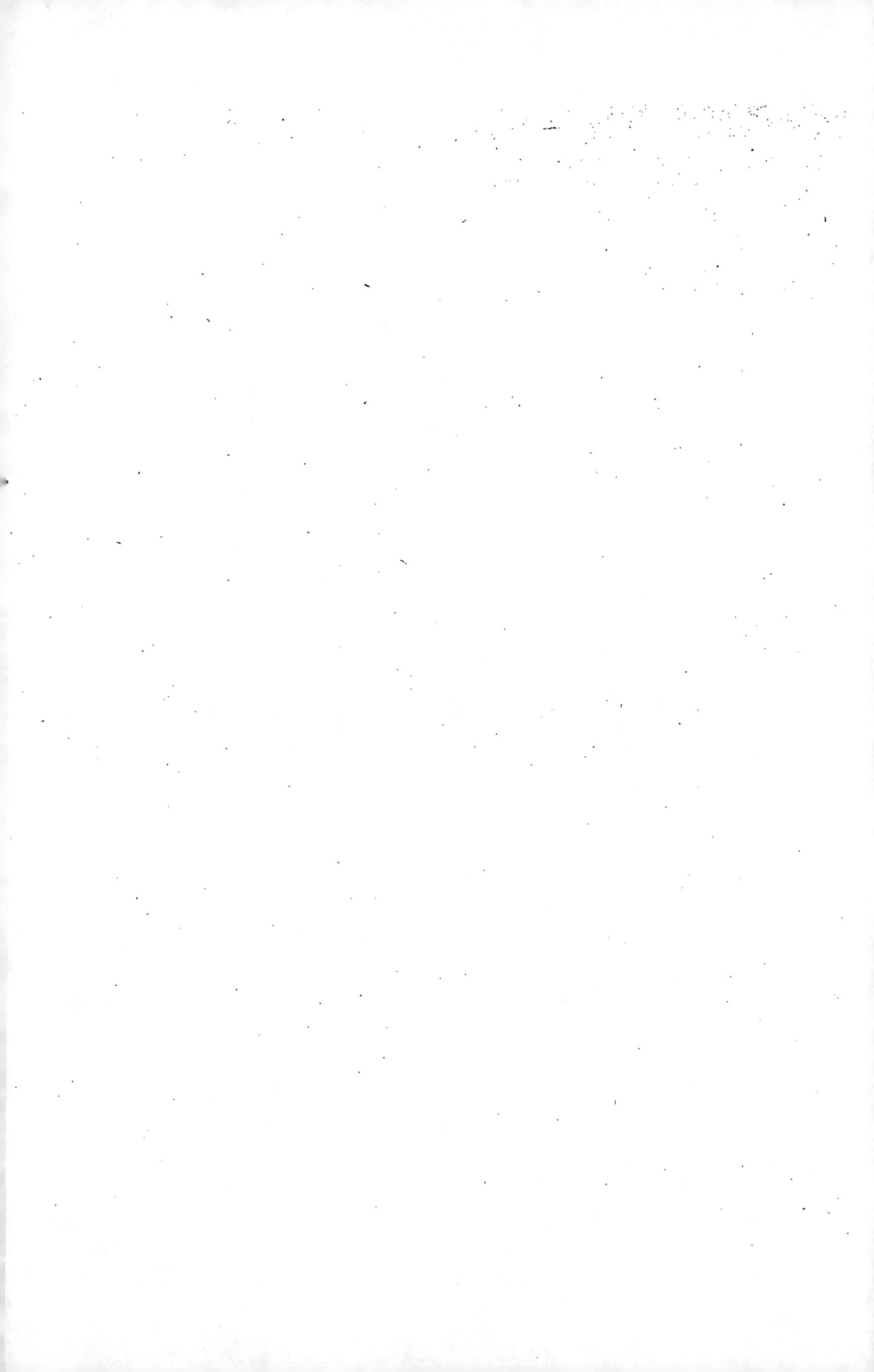

LE
THEATRE-ITALIEN

DE 1801 A 1913

TIRÉ A SIX CENTS EXEMPLAIRES DONT VINGT SUR PAPIER DU JAPON

Albert Soubies

ALBERT SOUBIES

LE
THÉATRE-ITALIEN

DE 1801 A 1913

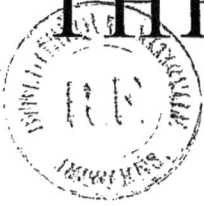

PARIS
LIBRAIRIE FISCHBACHER
Société anonyme
33, RUE DE SEINE, 33
—
1913

PRÉFACE

Dans la série des livres, d'un genre peut-être assez neuf, que nous avons eu l'idée de consacrer aux grands théâtres parisiens, la composition du présent volume présentait des difficultés exceptionnelles.

Si nous nous bornions à parler des auteurs, des ouvrages et des interprètes, notre besogne, en dépit d'un assez considérable apport personnel de recherches et de souvenirs, était relativement facile ; n'avait-elle pas été déjà faite, et, au moins partiellement, bien faite ? N'insistons pas sur l'ouvrage de Castil-Blaze, que cependant ses inexactitudes et sa rédaction diffuse n'empêchent point d'être amusant et souvent utile ; mais celui qu'Octave Fouque a consacré à la salle Ventadour est un travail consciencieux, d'une réelle valeur. Combien d'autres écrivains musicaux se sont, à des degrés divers, sous des formes variées, essayés dans cette carrière ! Il y avait donc plutôt lieu de nous placer au point de vue de l'histoire des directions successives. Or, cette histoire est singulièrement embrouillée et obscure, et nous ne nous serions pas hasardé à la raconter, si nous n'avions eu la bonne fortune de mettre la main sur un grand nombre de pièces authentiques absolument ignorées qui jettent dans ces ténèbres un jour nouveau, et sur toute une correspondance inédite qui nous a permis de laisser, pour ainsi dire, la parole aux intéressés eux-mêmes. Cette correspondance se rapporte précisément à la période la plus brillante de l'histoire du Théâtre-Italien au XIXe siècle, celle à laquelle présida Robert, assisté de Severini, avec l'influence occulte, toute-puissante et habituellement bienfaisante, de Rossini. Si le style de ces lettres est faible, on y trouve des indications caractéristiques sur les engagements d'artistes, les relations et les combinaisons avec la scène italienne de Londres, les répétitions générales déjà l'objet de tant de convoitises, les fournitures de costumes et d'accessoires, les recettes, le chapitre des amendes, etc., etc. Çà et là, tel renseignement dépassant les bornes du simple intérêt anecdotique est d'une importance réelle pour l'histoire de l'art. Ainsi voit-on Rossini ne point se gêner pour retoucher certaines

UNE SCÈNE DU « BARBIER DE SÉVILLE »

œuvres, et des plus saillantes, de ses jeunes rivaux, par exemple « les Puritains ». C'est seulement après avoir analysé ces lettres que nous avons résumé nos appréciations et nos remarques sur les deux cent quarante-quatre œuvres et les quatre-vingt-six compositeurs joués de 1801 à 1913. Ces constatations et ces appréciations nous ont paru gagner à être groupées ; cette disposition présente en outre l'avantage de ne pas couper, retarder ou alourdir l'aperçu historique sur les directions antérieures à 1840. Disons en passant, une fois pour toutes, que, d'une façon générale, il s'agit ici d'une libre causerie et non d'un travail soumis aux règles d'une méthode rigoureuse.

En ce qui concerne l'établissement de notre tableau chronologique, nous nous sommes heurté à des obstacles spéciaux. Il ne subsiste, pour aucune époque, aucun registre du Théâtre-Italien. Autre lacune non moins fâcheuse : sous la réserve d'exceptions peu nombreuses, les directeurs de ce théâtre n'ont pas signé de traités avec la Société des Auteurs et Compositeurs dramatiques, dont les archives sont un si abondant et si précieux répertoire de renseignements. Il nous a donc fallu recourir aux journaux. Or, que de fois n'a-t-on pas changé le soir le spectacle annoncé le matin ! La trace de ces changements ne se trouve que dans les comptes rendus postérieurs aux représentations. Ce n'est pas d'une pratique commode.

Au moins, du début à 1815, peut-on, grâce à cette précaution, être à peu près tranquille. En 1815, c'est-à-dire à partir de la direction de Mme Catalani, il arrive fréquemment que les journaux se taisent et omettent volontairement de donner

UNE SCÈNE DE « FALSTAFF »

le programme de la soirée, pour ennuyer la directrice, peu sympathique et peut-être rétive à certaines exigences. Que dire, à des époques moins lointaines, de certaines années, celle du choléra, par exemple ? Alors, on pensait à toute autre chose qu'au théâtre, et il n'y a pas lieu d'être surpris si l'annonce des spectacles était soumise à toutes sortes d'irrégularités.

Nous avons fait de notre mieux, voilà tout ce que nous pouvons dire, avec, notamment, le précieux concours, pour la désignation des dates originaires des représentations, de M. Giuseppe Pavan, et, pour l'illustration, de MM. Heugel et Ricordi. Ajoutons que, dans notre tableau, comme dans ceux que nous avons établis précédemment, telle ou telle erreur de détail n'a qu'une importance relative. Si d'ailleurs, sur un point donné, le lecteur s'étonne de ne pas trouver de concordance avec tel autre relevé, la divergence a parfois une explication toute naturelle : les chiffres, en

2

effet, diffèrent, selon qu'on fait, ou non, entrer en ligne de compte les représentations fragmentaires. Dans quelle mesure doit-on les signaler ? Deux actes, un acte même, oui. Mais un épisode, une scène ? C'est parfois très embarrassant. Enfin, l'exécution matérielle du travail entraîne d'autres risques. On doit s'estimer heureux lorsqu'en dernière heure on ne devient pas la victime innocente d'un accident de tirage. C'est un semblable accident qui, dans notre tableau de l'Opéra-Comique, fit sauter la reprise de « Cendrillon » en 1874, et imputer à l'année 1890 deux reprises, celles de « Raoul de Créqui » et de « l'Épreuve villageoise » dont la vraie date était 1889.

Reste la question de l'étendue qui nous a paru convenir à ce travail. Nous aurions pu l'arrêter à 1877, l'année où le Théâtre-Italien cessa d'avoir une existence régulière et un domicile fixe. Nous avons cru devoir préférer une extension qui nous permettait d'englober deux éléments : 1° les séries régulières de soirées données d'abord avec la Patti, puis sous les directions de M. Maurel, par deux fois de M. Sonzogno, enfin de MM. Astruc et Gunsbourg : 2° les représentations isolées, que l'historien musical peut avoir intérêt à noter, sans même écarter celles qui n'étaient que partiellement italiennes, car les chœurs ou certains interprètes chantaient en français. Notre liste ne se termine donc qu'à cette année même, et, outre l'intérêt d'actualité, il se trouve que dans les dernières pages comme dans les dernières colonnes de notre tableau figurent des œuvres essentiellement significatives : « la Somnambule », « Lucie » et surtout « le Barbier » d'une part, de l'autre trois ouvrages correspondant à chacune des périodes de l'évolution ascendante de leur auteur : « Rigoletto », « Don Carlos » et « Falstaff ». Rossini, Verdi ! Ainsi se trouvent rapprochés les deux grands compositeurs italiens dont les imposantes figures dominent les deux moitiés du XIXᵉ siècle.

LE
THÉÂTRE-ITALIEN

DE 1801 A 1913

CHAPITRE I

AVANT 1830

Le nom de la Montansier, dont la romanesque histoire a été maintes fois racontée, figure en tête de la liste des nombreux directeurs du Théâtre-Italien qui se sont succédé depuis le début du XIXe siècle jusqu'à la révolution de juillet. Lorsqu'elle prit, en 1801, au Théâtre-Olympique de la rue Chantereine récemment dénommée rue de la Victoire, la direction de la scène italienne, elle comptait soixante et onze ans. En reconstituant l'ancien spectacle des Bouffes, la Montansier se proposait

Théâtre de Louvois.

sans doute de plaire à Bonaparte, grand amateur de musique italienne et qui, du reste, avait, paraît-il, recruté lui-même à Milan un certain nombre de

chanteurs qu'elle n'eut qu'à engager pour son compte. Mais dans le quartier
alors assez tortueux, difficile à surveiller, où s'élevait le Théâtre-Olympique, le
danger d'une nouvelle machine infernale était particulièrement à redouter. C'est
probablement pourquoi, malgré son désir d'entendre les chanteurs d'outre-
monts, Raffanelli, Parlamagni, Lazzarini, et les cantatrices Strinasacchi,
Parlamagni, Menghini, le Premier Consul, averti par la récente expérience
de la rue Saint-Nicaise, fit la sourde oreille aux appels réitérés de la directrice. Ce que voyant, elle n'hésita pas à se transporter, en janvier 1802, à la
salle Favart. Sa gestion y fut éphémère. Elle dut, au bout d'un an, abandonner la partie. De par l'exigence de créanciers impitoyables, elle resta
vingt jours enfermée à la préfecture de police, d'où elle ne sortit que pour
voir mourir son mari, Neuville, qu'elle avait épousé le 6 septembre 1800.

Après quatre mois de clôture, la suite des affaires fut prise par une
société de capitalistes sur lesquels les renseignements font défaut. Mais peu
de temps après, on dut constater la disparition de ces commanditaires.
Livrés à eux-mêmes, les infortunés artistes du théâtre commencèrent par
attendre, sept semaines durant, l'intervention peu vraisemblable d'un hypo-
thétique sauveur. A la fin, las d'espérer, ils se résolurent à exploiter le
théâtre à leurs risques et périls. Le 12 décembre, ils rouvrirent avec le *Matrimonio*. Leurs essais, plutôt malencontreux, se continuèrent durant cinq mois.
Il était survenu diverses circonstances peu favorables pour les spectacles. Le
25 décembre 1803, un cyclone avait dévasté les jardins des Tuileries, enlevé
le toit du Vaudeville, semé la terreur sur les boulevards. Le 15 février, c'était
l'arrestation de Moreau, puis celle de Pichegru, de Georges, puis l'exécution
du duc d'Enghien. Il y eut là un moment de parfait ordre extérieur, sans
doute, mais, dans les esprits, dans l'opinion, un état de trouble profond, de
tension constante. En avril, la séance extraordinaire du Tribunat, l'approche,
déjà si sensible, de l'Empire, étaient le développement de la même crise. Au
lendemain même du jour (18 mai), où le sénatus-consulte conférait à Bonaparte le titre d'Empereur, les pauvres chanteurs, à bout de ressources,
mettaient, comme on dit, la clé sous la porte, et songeaient à regagner leur
patrie. Mais Napoléon, désormais le maître unique, ne permit pas le départ
de la troupe italienne. Il lui donna pour directeur Picard, doublement homme
de théâtre, puisqu'il était à la fois comédien et auteur.

Bonaparte Consul premier en grand Costume

A Paris, chez Potebart, Rue Jacque N° 54, à Leipsic chez Baumgartner.

Le Premier Consul est représenté avec ses favoris que, particularité peu connue, il eut pendant quelque temps la fantaisie de laisser pousser.

Comme auteur, précisément, l'année précédente, Picard, avec *le Vieux Comédien* et *Monsieur Musard*, avait obtenu un double succès au Théâtre-Louvois, qu'il ne faut pas confondre avec la salle construite par la Montansier et dont l'emplacement est aujourd'hui occupé par un square. Au Théâtre-Louvois s'étaient établis les artistes de l'Odéon depuis le 5 mai 1801. Homme d'adresse et même d'intrigue, tenant en régie et sous sa coupe les comédiens de Louvois dont il était le grand pourvoyeur de rôles, Picard avait dès longtemps formé le projet d'un cumul consistant à amener dans son théâtre la troupe italienne, à laquelle seraient réservés les lundis et jeudis. Le 19 juillet 1804, cette conception assez audacieuse passa dans le domaine de la réalité. Mais bientôt Picard se préoccupa de renouveler son personnel vocal, et, le 1ᵉʳ août 1805, la troupe ainsi refaite débuta dans un gracieux ouvrage de Cimarosa, *il Barone deluso*.

Picard était arrivé à ses fins, tout en visant, — plus haut encore, — un double but : un fauteuil à l'Académie et la direction de l'Opéra. *Les Marionnettes*, sur ces entrefaites, remportèrent un triomphe, et en novembre 1807 leur auteur atteignit l'un et l'autre objet de ses convoitises. Il devait être remplacé, un mois plus tard, à l'Odéon, par Alexandre Duval, avec comme associé Gobert, et comme directeur de la musique Montan-Berton. Duval avait, d'ores et déjà, un passé littéraire sérieux. C'était au surplus un homme singulier dont l'existence avait été fort cahotée. On le voit tour à tour marin, élève ingénieur, dessinateur, secrétaire de la députation de Bretagne, comédien au Palais-Royal et à la Comédie-Française, puis auteur dramatique. Ces péripéties et pérégrinations ne lui avaient malheureusement pas donné le sens des affaires. D'autre part, son esprit, demeuré fort indépendant, se pliait mal aux nécessités d'une direction théâtrale alors très surveillée. Dans la préface, peu connue, d'une de ces pièces, il l'a, non sans humour, reconnu :

Je ne sais, dit-il, par quelle fatalité je me laissai aller à un mouvement d'ambition qui n'a contribué ni à mon honneur ni à ma fortune. Devais-je troquer mon indépendance contre la petite vanité de régner sur un petit peuple qui n'est pas méchant, mais qui est tout à la fois spirituel, malin, frondeur, séduisant et dangereux. En parlant d'un directeur de théâtre, si je me sers du mot de régner, c'est que je le crois le seul convenable, si son pouvoir ne va pas jusqu'au despotisme, il a, comme les autres princes de la terre, des intrigues à étouffer, des guerres civiles à prévenir; il est tel de ses sujets qu'il doit ménager pour l'intérêt de son petit état. Comme un prince il a des ministres qui ne lui disent pas toujours la vérité; comme un prince on lui tend des pièges et on l'y fait tomber; comme un prince il doit se défendre des séductions de la beauté et des complaisances de sa petite cour; on le flatte en sa présence, on le déchire, on le calomnie dès qu'on peut le faire avec sécurité; on

JOSÉPHINE GRASSINI

lui suscite des guerres extérieures, on ameute contre lui les puissances voisines (les auteurs), on le calomnie dans l'opinion publique, on l'attaque dans son gouvernement, on le persécute, on le dégoûte, on l'injurie, jusqu'à ce qu'on ait amené un changement de dynastie.

Son acte inaugural fut d'assurer trois représentations par semaine aux
chanteurs italiens, parmi lesquels Garcia qui, en mars 1809, devait remporter
un succès sans égal dans son propre ouvrage, *el Poèta calculista*, qu'il jouait
seul, imitant tour à tour ténor et soprano dans un duo qui fit fureur. Nous
oubliions de dire qu'Alexandre Duval s'était transporté avec ses deux troupes
à l'Odéon dont la réouverture avait eu lieu le 15 juin 1808.

Depuis longtemps déjà Spontini rêvait la direction de la troupe italienne
qu'il obtint en 1810, aux lieu et place de Berton nommé chef de chant à
l'Opéra. Mais entre Duval et lui la mésintelligence ne tarda pas à se manifester. Au bout de deux ans l'administration supérieure s'émut de cet état
de choses, et M. de Rémusat appliqua à Spontini le procédé sommaire de la
révocation pure et simple. Il aurait eu pourtant des titres à être épargné,
n'eût-ce été que pour avoir le premier fait connaître au public parisien, présenté avec un respectueux souci artistique et non travesti déplorablement
comme il l'avait été à l'Opéra, l'admirable *Don Juan*. Il faut noter toutefois
que par son arrogance, son caractère intraitable, Spontini s'était, comme à
plaisir, non seulement aliéné toutes les sympathies, mais attiré toutes les
rancunes.

C'est alors (1812) que fut appelé à la direction de la musique du Théâtre-
Italien un personnage d'humeur toute différente, insinuant et adroit, Paër.
Il n'accepta ces nouvelles fonctions qu'à condition de conserver celles de
directeur de la musique particulière de l'empereur et de maître de chant de
l'impératrice. Très apprécié à la Cour, dans les salons, où, de sa très belle
voix, il interprétait ses propres compositions, il ne prêta qu'une assez indo-
lente attention à la direction du Théâtre-Italien. Il y fit engager cependant
des artistes de valeur, notamment la belle Mme Grassini, qui n'avait encore
chanté jusque-là qu'à la Cour, et qui débuta à l'Odéon dans *les Horaces* de
Cimarosa, le 6 novembre 1813. La chute de l'Empire, en 1814, fit perdre à
Paër son emploi principal et la plus forte partie de ses appointements.

Mais une minutieuse chronologie devient ici nécessaire si l'on veut essayer
de dégager l'exacte vérité dans l'histoire très compliquée du Théâtre-Italien
depuis la première arrivée de Louis XVIII jusqu'à son retour définitif.

Tout d'abord, après le départ de Napoléon pour l'île d'Elbe, le gouvernement royaliste transfère les Italiens à Louvois. Un rapport de l'Intendant

des Menus-Plaisirs déclare que « l'éloignement où se trouve l'Odéon du centre de Paris met obstacle à ce que l'Opéra-Bouffe puisse faire des recettes utiles et capables de faire face aux dépenses qu'il nécessite ». On arrête que la direction du théâtre serait autorisée, au 1er décembre, à faire jouer en la salle Louvois le répertoire de l'Opéra-Bouffe, les représentations devant avoir lieu les lundi, mercredi, jeudi et samedi.

Tout cela paraît ne s'être passé que sur le papier. Les choses restèrent en l'état. Sur ces entrefaites, au commencement de décembre 1814, Duval, toujours directeur de l'Odéon-Comédie, et son associé Gobert, offraient à Mme Catalani un engagement et lui réservaient le droit de donner à leur théâtre des concerts quatre fois par mois. Bientôt, Valabrègue, le mari de cette artiste fameuse, suspendait ces négociations de concerts : la Catalani, grâce à de hautes influences, croyait préférable de travailler à s'assurer la direction même des Italiens. Ses efforts aboutirent, et, le 29 décembre, le comte de Blacas, ministre de la Maison du Roi, l'informa qu'il avait approuvé la soumission présentée par elle et aux termes de laquelle elle serait investie de l'administration et entreprise du Théâtre-Italien. Le ministre lui deman-dait de justifier du cautionnement exigé et de faire savoir quelle salle serait choisie par elle pour *l'établissement du service dont elle se trouvait maintenant chargée.* On l'avertissait enfin que M. des Entelles servirait d'intermédiaire pour tous ordres.

Mais M. des Entelles (un nom qui semble appartenir au répertoire) demeurait hésitant et paraissait ne pas se regarder comme suffisamment autorisé à déposséder l'administration de l'Odéon. Valabrègue, vrai mari d'étoile, officieux, ne ménageant point ses pas, se multiplie, insiste auprès de Blacas, le supplie de hâter la solution souhaitée. Il semble que ce soit facile puisque Gobert vient d'être mis en faillite ; mais ses amis prétendent qu'il n'est pas responsable, que c'est une simple conséquence de la mauvaise gestion de Paër, et l'administration de l'Odéon refuse énergiquement de se laisser évincer. Sur quoi Mme Catalani renouvelle ses instances auprès du ministre, en représentant qu'elle a déjà engagé des artistes. De quel droit annulerait-on son privilège ?

Sur cette affaire de conflit avec l'Odéon, il s'en greffe bientôt une autre d'importance capitale. M. Delamare, propriétaire du Théâtre-Favart, a conclu

3

avec Mme Catalani pour la location de la salle. Mais les artistes de Feydeau veulent prendre la salle Favart pour empêcher Mme Catalani de leur faire concurrence dans le voisinage de leur théâtre. Avertie de ce péril, Mme Catalani — cela résulte de toutes les apparences — *se fait poursuivre* par M. Delamare, la sommant de se conformer à la lettre de leurs stipulations, afin, sans doute, de pouvoir arguer en haut lieu de l'obligation où elle se trouve mise de prendre possession des locaux, et pour en tirer, par suite, argument en faveur du maintien et du libre exercice de son privilège.

Ce qui autorise cette conjecture, c'est que nous voyons — l'affaire se passe au début de l'année 1815 — Mme Catalani prier M. de Blacas de la mettre à même d'exploiter immédiatement la salle Favart.

Il y a, sur ce point, échange de lettres entre M. de Blacas et le duc d'Aumont. Le premier écrit au second qu'il va autoriser Mme Catalani à exercer, à la salle Favart, son privilège suspendu, au moins de fait, depuis un mois (6 février). Il promet de veiller, dans la mesure du possible, à ce qu'aucune atteinte ne soit portée aux intérêts de l'Opéra-Comique Royal ; il ne doute pas, ajoute-t-il assez insidieusement, que ce théâtre ne redouble d'efforts et de zèle pour maintenir son rang ; n'est-ce pas ainsi qu'il a naguère préservé sa situation, quand les Bouffes étaient installés dans cette même salle voisine, avec la circonstance aggravante qu'un troisième théâtre, à la vérité non musical, mais d'une proximité néanmoins susceptible d'être dangereuse, Louvois, abandonné depuis, était alors en pleine activité ?

La réponse du duc d'Aumont est datée du 8 février. Il expose que les sociétaires de l'Opéra-Comique, ayant échoué dans leur projet d'occuper la salle Favart, ont pris le parti de renouveler leur bail de la salle Feydeau. Ils se résignent au reste d'assez mauvaise grâce à ce voisinage menaçant pour eux d'un théâtre lyrique.

Mise au courant, et autorisée par M. de Blacas, Mme Catalani, le 11 février, prend officiellement possession. Une lettre d'elle, datée du 13, est relative à deux objets : d'abord elle demande qu'on veuille bien permettre à M. de Laboulaye d'être chargé d'une surveillance des Italiens ; ensuite elle informe qu'elle a donné connaissance de la décision ministérielle aux artistes de l'Odéon, et les a invités à s'engager à son théâtre. En principe, ils ont accepté, mais ils redoutent des difficultés, ayant des traités en cours. A ces

causes, et sans plus de cérémonie, Mme Catalani demande purement et simplement la fermeture de l'Odéon.

C'est à ce moment que se produisit le coup de foudre, le retour de l'île

Elévation.   Coupe en travers.

Rue de Tournon

Place de l'Odéon

Plan au Rez-de-Chaussée.   Vue intérieure de la Salle.

THÉATRE DE L'ODÉON

d'Elbe. A l'annonce de la marche de l'Empereur sur Paris, « au pas de
charge », selon les termes d'une proclamation restée célèbre, la Maison du
Roi a, comme on pense, d'autres sujets d'examen que la question des Italiens.
Pour Mme Catalani, ses partisans, ses adversaires, il ne demeure plus beaucoup d'attention disponible.

En revanche, dès le 20 mars, Napoléon était réinstallé aux Tuileries, et de nouveau, par toute la France, fonctionnait régulièrement le gouvernement impérial ? Les affaires de théâtre, nonobstant les graves préoccupations du jour, n'étaient pas négligées. On n'ignore pas que l'Empereur mettait à ces soins une certaine coquetterie. Des artistes de l'Opéra-Comique jugèrent le moment favorable pour réitérer la protestation dont ils s'étaient momentanément désistés. Gavaudan, Martin, Moreau, etc., adressèrent au Grand Maréchal le comte Bertrand une pétition dirigée contre le privilège Catalani « arbitrairement confirmé ».

De son côté, Gobert, au nom de l'administration de l'Odéon, déclare au surintendant du Théâtre, M. de Montesquiou, que cette administration est toujours prête à engager Mme Catalani ; c'était, semble-t-il, affecter de croire que le privilège accordé à cette artiste se trouvait, de plano, annulé, Mais dans une lettre datée du 1er avril, Mme Catalani parle de sa « si cruelle perplexité » qu'elle voudrait voir cesser et réclame une de ces deux solutions : le privilège ou une indemnité.

Le 10 avril, M. de Montesquiou fit enfin connaître sa réponse qui était assez sommairement négative. La directrice sans direction ne se tint pas encore pour battue. Son homme d'affaires, d'Ogeron, adressa par son ordre au surintendant un long exposé écrit des faits.

Parallèlement se développait tout un jeu d'intrigues. C'est à cela que paraît se rattacher la démarche des entrepreneurs de l'Opéra-Italien — celui de l'Odéon — demandant l'autorisation de fermer leur théâtre le 1er juin, parce qu'ils se trouvent, disent-ils, « dans l'impossibilité de remplir leurs engagements envers les artistes attachés à leur spectacle » (18 mai).

A cela le surintendant répond six jours après. Sa missive est curieuse. Elle indique, conformément à ce que nous disions tout à l'heure, quelle attention Napoléon mettait, et surtout peut-être voulait passer pour mettre, aux affaires de cet ordre, ainsi, du reste, qu'aux moindres détails de tout genre, comme si le sol n'eût pas tremblé sous ses pas, et comme s'il eût légiféré au milieu du règne le moins agité, le plus pacifique et le plus durable. « L'Empereur, est-il dit en substance dans le document que nous citons, ne veut pas que le Théâtre-Italien soit fermé. » On devine quel était, au moins accessoirement, le motif de l'Empereur ; il n'entendait

Medaille appartenant à Me. O Meara Gravée par Khomnad Elève de la Caleographie Royale de J Gaubaud à Bruxelles

pas que de semblables clôtures pussent donner à Paris, dans la crise qu'on traversait alors, un aspect attristé ou seulement anormal. Il était allé, à cette fin, jusqu'à permettre de « faire le nécessaire pour payer les artistes ».

Ainsi fut réglée la demande en autorisation de fermeture présentée par la direction de l'Odéon. Quant à Mme Catalani, elle prit, vers le milieu de la période des Cent-Jours, le parti de s'expatrier. Pour quelles raisons? On est réduit aux hypothèses.

D'après un document que nous avons sous les yeux en écrivant, il y aurait eu contre elle une « menace ». S'agit-il d'une machination quelconque de concurrents exaspérés? Doit-on entendre par là qu'elle put être en butte à une certaine hostilité de la part de l'Administration impériale, parfois assez expéditive et même brutale dans ses procédés à l'égard de ceux qui lui déplaisent? Or, Mme Catalani ne pouvait être bien vue d'un monarque assez tenace dans ses rancunes, et qui n'avait sûrement pas oublié qu'en 1806 elle avait repoussé ses propositions, cependant acceptables .: 100.000 francs par an avec deux mois de congé. Et non contente de repousser de telles offres Mme Catalani, osant braver une volonté devant laquelle alors tout dans la plus grande partie de l'Europe s'inclinait, s'était embarquée furtivement à Morlaix, à destination de l'Angleterre — l'année du blocus continental!

En 1815, l'exil plus ou moins volontaire de Mme Catalani ne l'empêchait pas de surveiller ses intérêts et de suivre sa pensée. Dès le retour de Louis XVIII à Paris (juillet) nous voyons d'Ogeron écrire au comte de Pradel pour annoncer que sa cliente, à la fin du mois — on le voit, elle ne perdait pas de temps — sera à Paris en vue de prendre possession de son privilège dont elle a été indûment et momentanément frustrée.

Peu après, en effet, elle opère sa rentrée, mais elle n'atteint pas encore le but si longtemps et si obstinément poursuivi. Pour des raisons diverses l'affaire continue à traîner. C'est ici que nous allons retrouver Picard investi, paraît-il, d'une sorte de rôle officieux et diplomatique qu'il avait d'ailleurs sollicité, car c'est sur ses instances que le ministre prie Mme Catalani de recevoir « M. le directeur de l'Académie de Musique » qui viendra lui faire connaître les propositions faites par les artistes du Théâtre-Italien de l'Odéon. Le ministre exprime le souhait, équivalant, dans la circonstance, à un ordre

ANGÉLIQUE CATALANI

déguisé, qu'elle conclue avec ces artistes, leurs propositions étant de nature à lever tous les obstacles.

Enfin, après tant de déceptions et de mécomptes, Mme Catalani touche au port. Par une lettre du 31 août, elle demande, et cette fois avec des chances d'être écoutée, la permission de jouir de son privilège à partir du 1er octobre. L'Administration, par la plume du comte de Pradel, répond favorablement, non sans imposer cependant des clauses additionnelles au traité ancien. Mais cette épreuve est la dernière; le 2 octobre Mme Catalani ouvre le nouvel Opéra-Italien à la salle Favart, où elle avait déjà, dans le courant des mois d'août et de septembre, donné neuf concerts.

Comme directrice Mme Catalani se montra moins heureuse que comme cantatrice. Elle avait à ce moment trente-six ans; c'était en 1804, à Lisbonne, qu'elle avait épousé Paul Valabrègue, jadis brillant officier au 8e hussards, transformé par la force des choses en une sorte de déclassé.

C'est peut-être en partie sous cette influence plus fâcheuse que, dès le début de sa direction, Mme Catalani fit preuve d'un âpre et maladroit esprit d'intérêt. Par exemple, elle réduisit, par une économie singulièrement mal entendue, les chœurs et l'orchestre, ce que lui reprocha aigrement la presse, d'avance mal disposée à son égard, et qui déjà, lorsqu'elle avait tenté de déposséder les Italiens de l'Odéon, l'avait violemment prise à partie. Ainsi combattue, elle ne céda pas et parut dédaigner les critiques. Elle n'y gagna rien, car, lorsqu'elle n'était pas attaquée, on organisait contre elle une sorte de conspiration du silence. Fréquemment même, nous l'avons déjà dit, on n'annonçait pas ses spectacles. Le public, prêt à rendre justice à ses hautes qualités d'interprète lyrique, mais indisposé par des mesquineries de mise en scène, se fit de plus en plus rare. Le déclin s'accélérait, la chute était imminente. Mme Catalani tenta vainement de reconquérir les sympathies en donnant, dans la grande salle des Menus-Plaisirs, un concert de charité! Trois mois plus tard, quand elle eut achevé d'être à peu près ruinée par l'impéritie de son exploitation, c'est à son propre bénéfice que dut être organisé, à l'Opéra, un autre concert.

Le 30 avril 1818, Favart ferma ses portes sur une représentation de *la Principessa in campagna*, de Puccita. Le Gouvernement mit à l'étude la question des Italiens. Il fut officiellement décidé que le théâtre deviendrait une

ROSSINI

Médaillon en marbre, commandé par S. E. le ministre des Beaux-Arts au statuaire H. Chevalier.

(Salon de 1865.)

4

annexe de l'Académie de Musique. Les deux troupes seraient régies par la
même administration, c'est-à-dire que la Direction de l'Opéra serait, par
extension, celle des Italiens. Relativement aux complications de cette
période, une confusion s'est produite dans les idées de certains historio-
graphes des théâtres. A l'époque en question Persuis dirigeait l'Opéra. En
vertu des dispositions adoptées, c'est bien lui qui se trouva chargé de reconstituer la troupe italienne désorganisée par Mme Catalani, et si Paër fut, dans
cette administration double, directeur de la musique italienne, ce fut sous
le contrôle de la direction de l'Opéra.

On passa onze mois à signer des engagements, à préparer une troupe
homogène, à rassembler des artistes comme Garcia, dont les exigences
étaient énormes, Barilli, Bordogni, Graziani, Pellegrini, Mme Mainvielle-
Fodor, etc.

Revenus à la salle Louvois, les Italiens ne commencèrent leur ère nouvelle de représentations que le 20 mars 1819, avec i Fuorusciti di Firenze,
de Paër.

Durant l'exercice inauguré de cette manière et que devait signaler
l'inscription au répertoire de deux œuvres de Rossini, l'Inganno et le Barbier
succédant à son Italienne à Alger représentée en 1817, le théâtre ne prospéra
guère puisque les comptes se soldèrent par une perte de 28.999 fr. 14 c.
Pour expliquer ce déficit on invoqua, il est vrai, des dettes anciennes,
notamment les dépenses faites pour les réparations de 1816 et de 1817,
dépenses qui auraient dû, prétendait-on, être réglées sur la cassette du roi.
Au moment même où ces raisons ou prétextes étaient allégués sans grand
succès, Persuis vint à mourir (22 décembre 1819). Il avait pris la direction
de l'Opéra au commencement de 1816. Son remplaçant devait être Viotti, le
célèbre violoniste du concert spirituel, compositeur d'œuvres encore utilisées
pour l'étude de la technique et du style. Que d'autres emplois n'avait-il pas
tenus, comme associé de Léonard dans l'exploitation de Feydeau, comme
directeur, antérieurement à la Révolution, de l'Opéra-Bouffe, et, depuis,
comme négociant en vins établi à Londres! Il prit en mains les destinées de
l'Opéra, et, du même coup, celles des Italiens, où Paër gardait les fonctions
que nous avons déterminées. Alors âgé de soixante-sept ans, durement
éprouvé par la perte de sa fortune, Viotti n'était guère l'homme de la situa-

tion. De plus, à peu de temps de là, le 13 février 1820, le duc de Berry ayant été assassiné par Louvel, le roi décida que la salle de la rue de Richelieu serait démolie. L'Opéra dut se transporter à Favart; sa fortune chancelante se ressentit de cette émigration. De leur côté les Italiens, en dépit de l'immense prestige dont jouissait alors la renommée de Rossini et de ses œuvres, n'obtinrent que de médiocres résultats pécuniaires. L'exercice de 1820 accusa un passif de 34.133 fr. 56 c., dont 24.015 francs étaient dus pour décorations et costumes à l'Académie de Musique, résultat assez surprenant si l'on songe qu'aux recettes journalières s'était joint l'apport (qui paraîtrait d'ailleurs insignifiant aujourd'hui) de 75.365 francs de location de loges.

Ces loges avaient pour titulaires la plupart des personnalités les plus en vue du monde aristocratique. Sur la liste des abonnés il faudrait faire figurer la princesse de Vaudremont, la princesse Galitzine, le duc d'Orléans, Pozzo di Borgo, le duc d'Albuféra, la comtesse Potowska, la baronne Didelot, la comtesse d'Osmond, la duchesse de Combarch, la marquise de Lagrange, la comtesse Duchâtel, lord Courlande, lord Milton, et, au surplus, pour compléter la série britannique, toute la haute colonie anglaise, les Church, les Gould, les Stuart, les Robertson. Nous trouvons aussi sur le registre un nom d'une autre catégorie, mais fameux aussi, celui d'Elleviou.

La direction Viotti n'était pas destinée à durer longtemps. Nous ajouterons peu de chose à ce que nous venons d'en dire, et en nous bornant, comme il est naturel, à ce qui concerne les Italiens. On voit par des fragments de sa correspondance qu'italien lui-même le directeur eut parfois bien du mal à faire marcher en droite ligne ceux de ses subordonnés qui étaient ses compatriotes. Par exemple, une lettre du 12 avril adressée à Paër déclare que les relâches, attribuées sans doute à de vagues prétextes d'indispositions peu vraisemblables et point vérifiées, sont trop fréquentes aux Italiens, et que lui, Viotti, sévira contre les artistes qu'évidemment il soupçonne de manquer de conscience. Le 9 août, pour prendre un spécimen de genre quelque peu différent quoique analogue, il s'exprime vertement sur le cas de Mme X.... qui a rendu son rôle de Dona Anna, prétendant que c'était celui de Zerline qu'on lui avait promis. « Je suis las, écrit-il en manière de conclusion (et quel directeur d'aujourd'hui tiendrait un langage aussi énergique?), je suis las, obsédé, dégoûté, des tracasseries que j'éprouve de la part de ces dames; ma patience est à bout, et puisqu'on a voulu me forcer à la sévérité, je la déploierai tout entière. »

Nous ne nous arrêterons pas à l'analyse des circonstances dans lesquelles le privilège fut retiré à Viotti. Disons seulement que le 1er novembre 1821 il laissa la place à François Habeneck. Signalons en passant, puisque la proximité chronologique nous y invite, la mort de Mme Montansier (13 juillet 1820), ainsi qu'un autre décès, digne de figurer dans les *Morts bizarres* de M. Richepin, celui d'un chanteur dont la disparition fut une perte pour les Italiens : le 4 décembre 1820, dans un dîner offert par Garcia, Naldi, le père d'une cantatrice de talent, pensionnaire comme lui du Théâtre-Italien, ayant imprudemment fermé l'évent d'une marmite autoclave, eut le crâne brisé.

C'est dans la salle de la rue Le Peletier, qui présentait, entre autres qualités et avantages, le grand perfectionnement de l'éclairage au gaz, et qu'avait inaugurée Viotti le 16 août de la même année, que s'ouvrait l'ère nouvelle de la direction Habeneck. Il dut tout d'abord procéder à une minutieuse revision des comptes, et, de concert avec la Commission des Beaux-Arts, établir un bilan, tant pour l'Opéra que pour les Italiens. Comme plus haut, nous ne nous occupons que de ces derniers, pour lesquels le passif s'élevait à 40.945 fr. 79 c.

Nous sommes en 1822. Tout le monde sait à quoi, dans l'histoire intellectuelle, correspond ce moment. C'est l'aube du romantisme. Déjà la bataille est engagée. Le public évolue; les idées subissent une modification profonde; des noms nouveaux se répètent de bouche en bouche. Dans cette espèce de fermentation de tous les arts, quelle est la situation de la musique? Elle est dominée, et de très haut, par une figure, celle de Rossini, qui apparaît comme le maître incontesté des scènes lyriques. Son succès ne se dément pas; il ne fait que s'accroître; *vires acquirit eundo*. De cette vogue qui entraîne tout, nous rencontrons un témoignage dans ce fait, assez rare alors comme aujourd'hui, qu'aux Italiens, à la reprise de *la Gazza ladra*, l'on refusa du monde.

Viotti avait eu Courtin pour chef de matériel. Ces fonctions, sous la direction d'Habeneck, furent dévolues à Du Rais. C'est par ce dernier que, dès le début de sa direction, Habeneck fit établir, à l'usage de l'Administration supérieure, un rapport sur les dépenses et recettes présumées du Théâtre-

Italien pour 1822. Ce rapport est un peu long, mais, indépendamment de l'intérêt du contenu, l'on doit reconnaître que le contenant, c'est-à-dire la forme même, le style du morceau, sont caractéristiques et dignes d'attention. A notre époque où l'on aime tout ce qui est documentaire, un tel document mérite d'être, au moins en grande partie, placé sous les yeux du lecteur. On trouve au début quelques considérations générales, dont on appréciera la saveur. Au second paragraphe, le rédacteur fait allusion à une « volonté supérieure » qui, dans sa pensée, est évidemment celle de Napoléon. Il aborde ensuite, d'une façon plus précise, ce qui se rapporte au fonctionnement du Théâtre-Italien :

Le Théâtre-Italien, naturalisé en France depuis un assez grand nombre d'années, a subi tant de variations, dans un laps de temps assez limité, qu'on a dû rechercher les causes principales des mouvements qu'i ont fait successivement tenter cette entreprise, l'abandonner

COSTUME DE Mlle NALDI DANS « DON JUAN »

et la reprendre, avec plus ou moins de succès. Le goût du public, l'exemple de quelques États voisins, et une volonté supérieure ont sans contredit amené cette innovation.

Des intérêts particuliers, des prétentions déplacées, et une gestion souvent mal combinée, ont porté plus d'une atteinte à l'établissement, onéreux d'ailleurs en lui-même, et hors d'état de se soutenir avec ses propres ressources.

Sans vouloir approfondir ici plusieurs des particularités que je viens de relever ; sans vouloir remonter à l'analyse de traditions qui sont déjà loin de nous, ce qui m'éloignerait de mon sujet, je me bornerai à vous soumettre quelques améliorations dans l'administration du Théâtre-Italien, quelques économies dans la rétribution du personnel et la répression d'abus palpables dans la gestion du matériel.

Veuillez à ce sujet, Messieurs, ne pas oublier que, malgré la différence qui existe sous beaucoup de rapports entre l'Académie Royale de Musique et le Théâtre-Italien, divers éléments les rapprochent entre eux. Le maintien de leur existence a la même source, la munificence royale. C'est d'ailleurs l'administration de l'Opéra qui est chargée de la gestion du Théâtre-Italien, et si l'on excepte les principaux artistes, et quelques autres essentiellement attachés à ce dernier théâtre, c'est le premier qui règle les intérêts de l'autre. Enfin, il est pourvu à tout par des moyens tirés de l'Académie Royale de Musique.

Je n'entends point ici énoncer une vaine nomenclature, mais rappeler ces considérations pour les appliquer au Théâtre-Italien, dans toute l'extension dont elles sont susceptibles.

« L'administration du Théâtre-Italien, ajoute Du Rais, est réputée composée de quatorze personnes, y compris MM. Habeneck, directeur, Du Rais, chef du matériel, Grandsire, secrétaire, et Bonnemère, caissier. » Ici nous touchons à ce qui, sans aucun doute, dans les intentions du rédacteur et de celui qui l'avait inspiré, était un des points culminants de ce rapport. Sous une forme assez discrète, très habilement calculée, Du Rais fait observer que les deux premiers administrateurs de l'Opéra (dans l'espèce Habeneck et lui) ne reçoivent aucune addition de traitement pour le supplément de besogne qu'exige de leur part le Théâtre-Italien. « Cependant, remarque-t-il douloureusement, MM Courtin et Viotti ont été payés pour le même travail, d'abord par des remises plus ou moins fortes sur les recettes, et ensuite par une augmentation d'appointements qui a remplacé ces remises. »

C'est là, on le voit, un plaidoyer *pro domo*. Nous ne saurions en omettre la conclusion apologétique, dont quelques expressions portent, d'une façon assez plaisante, le cachet du temps : « Un scrupule mal entendu m'eût fait passer sous silence cette sorte de singularité qui fait rétribuer une portion de travail et laisse l'autre sans récompense. *La Raison, la Justice* m'ont fait

penser; non pas que rien ne devait être payé, mais que tout devait l'être.
Il appartient surtout à des gens intègres de s'exprimer ainsi, parce qu'ils
n'envisagent aucun émolument au delà de leur traitement. » Notons que
Du Rais écrit avec majuscules le nom de la Justice et celui de la Raison ; il n'y
avait pas encore si longtemps, d'ailleurs, que cette dernière avait été déesse. Il
semble, d'autre part, que dans sa phrase finale d' « intègre », Du Rais vise
certains administrateurs moins consciencieux qui pourraient être tentés
« d'envisager des émoluments » non réglementaires, c'est-à-dire de se rétribuer de leurs propres mains, grâce à des moyens d'une orthodoxie médiocre.

TERESA STRINASACCHI   ISABELLA COLBRAN   ENRICHETTA MERIC LALANDE

La dernière partie du rapport n'est pas moins intéressante. Elle effleure
en passant la question des énormes exigences des artistes ; elle insinue que les
théâtres italiens des autres capitales coûtent beaucoup plus cher que celui de
Paris aux cassettes impériales ou royales qui les subventionnent, et aborde
enfin le grand point, celui d'une augmentation « graduellement progressive »
du prix des places.

L'entretien du Théâtre-Italien est devenu tellement onéreux pour l'administration,
déjà grevée de beaucoup d'autres charges de même nature, qu'il a paru convenable d'en
alléger le fardeau; relativement au spectacle en question.

Rien de plus juste que de sentir le mérite de plusieurs artistes distingués de ce théâtre
et de mettre un prix à leur talent, mais ce qu'il y a de certain, c'est que le traitement des
principaux d'entre eux est énorme. Vous ne l'ignorez pas, Messieurs, puisque les principaux
artistes coûtent annuellement 160.200 francs et que Mme Fodor, qui semble avoir fait accuser
d'ingratitude ou d'aveuglement l'administration de l'Opéra, a reçu d'elle, pendant 1821,
pour ses honoraires, représentation à bénéfice et feux, la modique somme de 55.400 francs.

Au reste l'administration s'est appliquée à concilier les vues de l'autorité et l'intérêt
de l'établissement avec les plans d'économie qui la guident sans cesse.

Si, malgré ses efforts pour atteindre son but, on voulait l'accuser d'irréflexion ou de prodigalité, il faudrait jeter un coup d'œil sur ce qui se passe à ce sujet en Italie, à Berlin, à Saint-Pétersbourg, à Vienne et à Londres. La dépense de ces sortes d'établissements y est bien plus considérable qu'à Paris.

Il faut aussi considérer que dans ces divers pays où il existe, ainsi qu'à Paris, d'autres théâtres réservés pour le peuple, et plusieurs destinés aux personnes instruites, le Théâtre-Italien, peu à portée de beaucoup de monde, est réputé, sinon exclusivement le théâtre de la bonne compagnie, du moins le spectacle des personnes aisées. Il est donc convenable, quand l'administration est astreinte à supporter d'aussi pénibles charges que celles résultant de l'entretien du Théâtre-Italien, je ne dirai pas de rançonner les amateurs, mais d'imposer leurs plaisirs. On n'a pas fait difficulté d'en user ainsi, à des théâtres où le goût et la raison sont blessés. Quel scrupule pourrait donc arrêter, quand il s'agit de recourir à des moyens qui, sans nuire aux habitués, ne tendent, au fond, qu'à la conservation d'un spectacle fait pour flatter plus d'un sens ?

Je crois donc avoir assez motivé l'augmentation que je propose d'apporter au prix des places du Théâtre-Italien. Cette augmentation, graduellement progressive, frapperait particulièrement sur les loges, les balcons, la première galerie et l'orchestre. En résultat, le tarif n'élèverait que d'un sixième le taux actuellement établi. Les bases seraient à peu près les mêmes que celles d'un semblable travail soumis à son Excellence, en suite de la délibération du Comité du 19 novembre dernier. Cet accroissement de prix, peu sensible pour les individus, aurait une influence avantageuse sur les recettes et diminuerait d'autant la quotité de la subvention.

C'est fort bien dit, mais, en haut lieu, on ne prête qu'une oreille distraite aux récriminations comme aux suggestions du directeur de l'Opéra et des Italiens. L'attention est absorbée par des objets plus sérieux. Bref, en 1823, loin d'avoir à remercier les gens au pouvoir, d'égards particuliers et de marques d'encouragement, Habeneck doit se plaindre de ce qu'on prétend réduire la subvention de 77.000 francs, c'est-à-dire de ne lui donner que 93.000 francs au lieu des 170.000 prévus. D'autre part, il voit fondre sur lui les difficultés et les ennuis. Garcia veut prendre un congé à l'heure même où son succès, conjointement avec celui de Mme Pasta, assure de belles recettes. Autre désagrément, plus grave, suscité encore par Garcia qui vient de créer le Cercle Musical de la rue Richelieu, cercle où il y a des auditions de nature à faire tort aux autres entreprises lyriques. Entre le directeur et l'interprète la situation se tend de jour en jour. Une crise est imminente. Enfin la bombe éclate, ni plus ni moins que la marmite autoclave du sieur Naldi. Garcia accuse Habeneck de l'avoir berné, se fâche tout rouge, et monte sur ses grands chevaux... pour quitter décidément Paris. Cela se passe en mars 1823.

JUDITH PASTA (RÔLE DE ROMÉO)

En novembre de la même année, nous avons un épisode intéressant à signaler. Le 21, une grande fête est donnée en l'honneur de Rossini : un banquet chez le restaurateur Martin réunit cent soixante convives, la plupart connus, quelques-uns célèbres, présidés par le vénérable auteur des *Bardes*, l'illustre Lesueur ; le temps n'était plus où les maîtres français tentaient de résister à l'ascendant prodigieux, à la vogue étourdissante de celui que Berton nommait dédaigneusement Monsieur Crescendo.

Si nous avons fait mention de cette fête, c'est parce qu'elle est un indice du succès alors croissant, à Paris, dans les milieux brillants, de la musique italienne, et, par voie de conséquence, du théâtre voué à son interprétation. Cette scène était à la mode ; cela faisait l'éloge du directeur, à qui jusque-là l'on n'avait eu à adresser aucun reproche sérieux. Aussi n'y eut-il rien de plus inattendu que son remplacement, résolu tout à coup sans motifs explicites, par le vicomte de La Rochefoucauld, administrateur demeuré légendaire par certaines de ses décisions. Celle-ci lui était inspirée par le désir de donner la place d'Habeneck à un certain M. Duplantys que sa situation récente à la tête d'un dépôt de mendicité avait médiocrement préparé à ses fonctions nouvelles. A titre sans doute de fiche de consolation, Habeneck était nommé chef d'orchestre de l'Opéra en remplacement de Kreutzer qui avait dû faire valoir ses droits à la retraite.

Nous indiquions un peu plus haut que le coup qui avait éloigné Habeneck de son poste élevé avait été imprévu et sans cause bien apparente. La cause occulte était vraisemblablement la longue série d'objections et de réclamations dont se montraient prodigues le directeur et son fidèle Du Rais. Était-il, de leur part, habile de rédiger, par exemple, des « Notes administratives » dans le genre de celle-ci ?

La destruction des abus dans un théâtre royal, administré pour le compte du gouvernement, est presque impossible ; les directeurs, administrateurs ou employés craignant de perdre leurs places qui dépendent de la volonté d'un dignitaire dont on peut égarer facilement la religion, évitent de se faire des ennemis. Ainsi donc le directeur n'osera pas demander la suppression de fonctions qu'il saura nuire à ses projets d'économie, dans la crainte d'être en butte à de dangereuses inimitiés.

Dans ces observations, présentées peut-être avec trop d'insistance, il y avait évidemment du vrai. L'année précédente, malgré les 179.000 francs de la subvention royale, le déficit des deux théâtres, enregistré par le commissaire officiel, M. Hutteau d'Orgny dont nous avons le rapport, s'était élevé à 309.486 fr. 70 c., et dans ce compte les Italiens s'inscrivirent pour une assez grosse somme.

Enfin, presque à la limite de sa direction, Habeneck adressait aux bureaux un long rapport ayant trait sans doute à l'Opéra, mais tout autant aux Italiens d'où venaient souvent les difficultés et les embarras, et où l'on ne trouvait aucune aide administrative sérieuse de la part de Paër, peu soucieux des questions matérielles, et absorbé par un dilettantisme d'ordre peu pratique. Ce rapport est très développé, mais nous croyons qu'on le lira d'un bout à l'autre avec intérêt. Il abonde en observations justes et piquantes. C'est en quelque sorte la philosophie de l'histoire de toutes les directions. Beaucoup de remarques émises conservent aujourd'hui tout leur prix :

Les administrations théâtrales, écrivait Habeneck, comme toute entreprise dont les rouages sont nombreux, dont les détails d'exécution sont variés à l'infini, ont besoin de stabilité, d'une certitude d'existence qui permette d'établir un ordre de choses durable, une amélioration sensible.

Depuis longtemps on se plaint et avec raison que l'Académie Royale de Musique ne marche pas au but désiré sous le rapport de l'art comme sous celui de l'économie.

La première, la seule cause mère de cette stagnation dans la marche de ce vaste établissement, c'est la mutation successive des administrateurs appelés à le gouverner.

En dix années seulement, depuis 1814, on compte cinq administrations.

MM. Picard, Choron, Persuis, Viotti et Habeneck ont, dans cet espace de temps, dirigé le théâtre.

Le terme moyen de l'existence de ces administrations est donc de deux années.

Lorsque la bienveillance d'un ministre appelle à des fonctions d'administrateurs de théâtre des hommes honorés de sa confiance et qui sont dignes d'elle par leurs connaissances, leur aptitude et leur zèle, le bien est-il fait? Non, il naît, il commence. Son accroissement est-il certain? Non, tout peut l'arrêter et le détruire dès sa naissance. Je m'explique.

Aussitôt qu'une administration nouvelle est investie de pouvoirs honorables, les administrés, en général très inconstants, accueillent, fêtent, célèbrent les nouveaux membres qui la composent. Il y a d'abord ardeur de travail, soumission, respect même ; mais il ne faut pas s'y tromper. Ce premier feu de zèle est moins dû à la confiance qu'inspirent les nouveaux directeurs qu'à la haine qui, habituellement, poursuit le pouvoir déchu. La chute des anciens administrateurs est un tel triomphe pour les administrés, qu'ils sont d'abord prêts à plier sous un nouveau joug, fût-il même plus fatigant, plus despotique.

Je puis, par expérience, donner une preuve de ce que j'avance ici.

Pendant la première année, les artistes ou employés sont aux aguets. Espérant tout de la bonté ou plutôt de la faiblesse de leur nouveau chef, ils obéissent, paraissent satisfaits, et semblent regarder la nouvelle administration comme leur libératrice.

Jusque-là, tout va bien. Pour se faire accueillir des administrés, il est juste de convenir que pendant cette première année l'administration observe sans se plaindre, commande sans trop de rigueur, enfin gouverne *paternellement*, ce qui veut dire au théâtre, conserver, respecter les abus.

La seconde année, le résultat des observations faites pendant la première amène déjà quelques légers changements, quelques réformes. Les administrés qui commencent à s'apercevoir que la direction n'a pas fermé les yeux comme ils le croyaient murmurent tout bas, témoignent des craintes, essayent quelques calomnies, et n'ont plus qu'une soumission de mauvaise grâce ou forcée. Les indispositions renaissent, les plaintes de trop de fatigue se font entendre. Enfin la position *(sic)* calme du devoir commence à cesser, et l'administration paraît exigeante et injuste.

Ces deux époques passées, la troisième année arrive, et c'est alors *que la révolution devient générale.*

Il n'est pas douteux qu'une administration attentive, prévoyante, éclairée, a dû remarquer, dans tous leurs détails, les vices, les abus de chaque partie. Il est de son devoir de porter enfin un coup décisif, et de ne plus respecter, puisque la raison, l'économie commandent, ni une *ancienneté* qui s'est passée dans le désordre, ni des *services* qui ont été payés par des avantages illicites. Des chefs dangereux sont donc éloignés; des employés peu sûrs sont renvoyés, et de nouveaux devoirs sont tracés à ceux qui restent ou à ceux qui remplacent. Le nouveau système, comme il est facile de le concevoir, est critiqué, ridiculisé, calomnié; le trouble du moment, trouble qui résulte d'une nouvelle répartition de droits à de nouveaux employés est appelé *anarchie*. L'administration est déclarée tout haut inhabile, incapable, et l'on ne pense plus qu'à son remplacement.

Comment arriver à ce but désiré? Par des calomnies, par des lettres anonymes, par des articles de journaux... On crie beaucoup et très fort. Les clameurs finissent par arriver jusqu'à l'oreille qui les repoussait, et le chef suprême, assailli longtemps, chaque jour, de dénonciations, de discours envenimés, de fausses preuves, a, malgré lui, moins de confiance, de sécurité, de bienveillance. Sous le prétexte d'une haine générale, une nouvelle administration paraît nécessaire, l'autre est changée.

Ce tableau est vrai, fidèle, et n'a rien des couleurs de l'exagération.

L'administration qui succombe au moment de mutations très considérables, de changements très importants, sera-t-elle, au moins, consolée dans sa retraite par la conservation du chemin qu'elle a tracé, des nouveaux droits qu'elle a prescrits? Non : des embarras indispensables quand on crée, quand on trace des fonctions, deviennent un désordre quand ceux qui ont eu ces idées régénératrices n'ont pas eu le temps d'expliquer leurs intentions, de régler leurs desseins, d'asseoir leurs projets.

Les changements qu'ils ont faits par l'idée du bien sont blâmés parce qu'ils n'ont pu avoir leur entier effet, et les anciennes erreurs sont rétablies dans toute leur force, malgré tout leur danger. Ce qui aurait pu être fructueux paraît mauvais, et l'on s'étonne que l'administration précédente ait eu des pensées si nuisibles, des projets si désordonnés.

Il est donc bien constant que la mobilité des administrations de l'Académie Royale de Musique produit ces résultats fâcheux. Comment, en effet, espérer une obéissance constante, un zèle soutenu, un attachement sincère des sujets qui, par expérience, savent que l'*Autorité déplace tous les deux ou trois ans* les chefs qu'on leur a donnés. Ceux qui n'ont point de patience travaillent à la déchéance de leurs administrateurs. Les sujets tranquilles attendent le renvoi certain avec insouciance et sans aucune ardeur au travail.

De leur côté les administrateurs qui, au milieu de ces orages, marchent à leur but, éprouvent secrètement les plus vives inquiétudes, puisqu'ils doivent s'attendre, chaque jour, au sort qui leur est prédit et qui a frappé leurs prédécesseurs.

Comment remédier à ce désordre, à cette indiscipline, à ces craintes qui naissent de l'instabilité des chefs de l'établissement?

Il n'est qu'un moyen, c'est d'assimiler la direction des théâtres royaux à celle des autres spectacles *sous le rapport des privilèges pour un certain nombre d'années.*

On verra dans les annales de l'Opéra que ce moyen présenté aujourd'hui n'est point une innovation, que le Roi accordait jadis des privilèges pour ce théâtre, et que la Ville de Paris elle-même, quand elle était chargée de l'Académie Royale de Musique, employait aussi ce moyen protecteur de l'établissement.

Que l'administration de l'Opéra jouisse pendant dix ans d'un privilège assuré et l'on verra les abus poursuivis avec constance cesser sous les efforts soutenus et sans entraves. On verra les artistes forcés dans leur intérêt de se soumettre à une puissance durable. L'autorité supérieure qui aura établi un ordre de choses convenable au bien du service pourra demander à des fonctionnaires, qu'il aura garantis dans leurs places, sauf le cas de malversation, un compte exact de leur gestion qu'ils auront eu le temps de rendre profitable à l'art comme aux autres parties économiques. Enfin le ministre qui, animé par l'espoir d'une amélioration, aura nommé une administration, l'aura guidée dans ses travaux, l'aura approuvée dans ses vues nouvelles, conservera, si le Roi l'appelait à d'autres dignités, la certitude que ses projets seront réalisés, au lieu d'éprouver le déplaisir de voir briser tout à coup son ouvrage, détruire ses espérances, et renvoyer ignominieusement ceux qui, honorés de sa confiance, devaient espérer une autre récompense.

Ces observations ne manquaient ni de valeur ni d'intérêt, mais peut-être est-ce le ton même et le tour de ce rapport, sortant un peu des règles ordinairement suivies dans ce genre de paperasserie, qui déplurent à l'arrogant vicomte et le décidèrent, comme nous l'avons dit, à remplacer Habeneck par Duplantys.

A peine installé, ce dernier, destiné à continuer la série des directeurs éphémères, commença par se faire attribuer une indemnité. Sa correspondance avec le vicomte de La Rochefoucauld fut bientôt très active. Pour tout, il avait besoin d'être guidé, car il manquait d'initiative autant que d'intelligence directoriale. Il eut presque immédiatement mille difficultés sérieuses avec les artistes. Les uns, comme Paul, le danseur, maître de ballet des Italiens, réclamaient des augmentations ; d'autres menaçaient de partir. Tout le personnel était en effervescence. Il n'était pas jusqu'aux tailleurs qui n'eussent à présenter des protestations ou réclamations, à cause de leur double service (Italiens et Opéra).

Qu'on imagine, dans un tel imbroglio, un homme incompétent, incapable, dont l'autorité, déjà nulle, avait encore été diminuée depuis la nomination comme « inspecteur » du comte Turpin de Crissé dont nous avons eu à parler dans notre *Histoire des membres de l'Académie des Beaux-Arts.*

C'est ici qu'il faut, en usant du procédé rétrospectif, mentionner un fait dont l'importance fut capitale dans l'histoire du Théâtre-Italien.

Quelques jours après la fête organisée en son honneur, comme on l'a vu plus haut, Rossini, sur qui tous les regards étaient fixés depuis plus de cinq ans, donna corps à une idée qui déjà, sans doute, s'était souvent présentée à son esprit : mettre à profit la vogue immense dont jouissaient ses ouvrages et la faveur attachée à sa personne en exploitant lui-même le Théâtre-Italien.

Le 1er décembre 1823, il avait fait parvenir au ministère de la Maison du Roi le projet suivant :

Bases de l'engagement que M. Rossini pense pouvoir proposer au Gouvernement français.

1º Il se chargera de composer un grand opéra, pour l'Académie Royale de Musique, se réservant de choisir le poème et de jouir des droits d'auteur.

2º Il composerait aussi un opéra semi-seria ou buffa pour le Théâtre Royal Italien, et mettrait en scène, à ce théâtre, un opéra de lui déjà donné ailleurs, tel que la *Semiramis*, la *Zelmire*, ou tout autre, qu'il arrangerait pour la troupe de Paris.

3º Pour le bénéfice qui serait accordé à M. Rossini, libre de tous frais et qui aurait lieu à l'Académie Royale de Musique, il montera un opéra italien de lui, qui n'aura jamais été donné à Paris. Cet opéra restera au répertoire du Théâtre-Italien. On permettra à M. Rossini de choisir dans le répertoire du Grand Opéra le ballet qui sera donné le jour de son bénéfice.

4º M. Rossini s'engagera à remplir telles fonctions dont Sa Majesté voudrait bien l'honorer en l'attachant à son service.

En raison des engagements que M. Rossini se propose de prendre avec le Gouvernement,

LAURE CINTI.

il pense qu'il pourrait lui être alloué une somme de quarante mille francs qui serait répartie suivant le bon plaisir de Son Excellence, soit comme prix de ses ouvrages, soit comme appointements attachés aux fonctions dont il serait chargé.

Paris, le 1ᵉʳ décembre 1823.

Signé : Gioacchino Rossini.

Le maître avait alors trente et un ans : il avait épousé depuis peu la belle Isabella, cantatrice remarquable, alors connue dans toute l'Europe. Sa grande préoccupation était de gagner beaucoup d'argent afin de ne pas changer le genre de vie de sa femme, habituée au luxe.

Les pourparlers avaient été amorcés sous la forme qu'on vient de voir, entre Rossini et la Maison du Roi, quand il dut aller à Londres pour satisfaire à un engagement qu'il avait accepté au Théâtre-Royal. Comme cette entreprise avait fait de mauvaises affaires, le contrat fut annulé, et Rossini, se trouvant libre, donna des leçons de chant et des concerts très lucratifs.

Ce fut durant ce séjour d'outre-mer qu'il traita définitivement avec le Gouvernement français, ainsi qu'en témoigne le curieux document que voici :

Ministère de la Maison du Roi

—

2ᵉ division

—

Le sieur Gioacchino Rossini s'engage à résider pendant la durée d'une année, près l'Académie Royale de Musique, aux clauses et conditions ci-après :

Article premier. — Il s'engage à composer un grand opéra français en trois, quatre ou cinq actes, qui devra remplir, seul, toute la durée du spectacle. Il s'engage également à composer un opéra italien semi-seria ou buffa, en deux actes.

Art. 2. — Le sieur Rossini sera libre de choisir le poème français en s'entendant à cet égard avec l'Administration, mais il ne pourra s'occuper de le mettre en musique qu'après que l'ouvrage aura été soumis au jury littéraire et adopté dans une de ses séances suivant les formes réglementaires. A cet effet, l'Administration aidera elle-même le sieur Rossini en lui présentant plusieurs poèmes qui lui paraîtraient offrir le plus de chances de succès, et le sieur Rossini devra avoir arrêté son choix parmi eux dans le cours du premier mois de son arrivée à Paris.

Art. 3. — Le libretto italien demeure, comme de coutume, à la charge de l'Administration.

Art. 4. — Outre ces deux ouvrages nouveaux, le sieur Rossini mettra en scène et arrangera pour les chanteurs du Théâtre-Louvois un opéra de sa composition, non encore représenté à Paris, et dont le choix aura été arrêté entre l'administration et lui.

Art. 5. — Comme le sieur Rossini demande que l'opéra à bénéfice dont il sera parlé à l'article 6 soit joué dans les quatre derniers mois de son engagement;

Comme il importe que les deux ouvrages nouveaux, français et italien, ne soient pas représentés à la même époque, les partitions de ces deux ouvrages devront être livrées dans le cours des neuf premiers mois du présent règlement, afin que l'auteur de la musique assiste aux répétitions et à la mise en scène de ses compositions française et italienne. L'administration de l'Académie Royale de Musique exprime seulement le désir que le sieur Rossini puisse donner l'opéra français un des premiers.

Art. 6. — Pour raison des conditions ci-dessus stipulées, il sera accordé au sieur Rossini :

1° Un traitement fixe de 40.000 francs, payable par douzième, de mois en mois ;

2° Les droits et honoraires des auteurs français pour le grand ouvrage qu'il donnera à l'Académie Royale de Musique, ainsi que la propriété de la partition de l'opéra italien nouveau qu'il composera pour le Théâtre-Louvois; bien entendu que l'Académie Royale de Musique aura toujours le droit de faire représenter ce nouvel opéra sans avoir besoin d'une nouvelle autorisation ;

3° Une représentation à bénéfice à l'Académie Royale de Musique, libre de tous frais, excepté le droit des indigents. Cette soirée, qui aura lieu un jour autre que celui des représentations ordinaires, sera donnée dans le cours des quatre derniers mois du présent traité, d'après la demande du sieur Rossini.

Art. 7. — Pour que ce bénéfice présente au sieur Rossini le plus grand avantage possible, il se composera :

1° D'un opéra italien qui n'aura pas encore été représenté à Paris. L'ouvrage, par la nature de ses décorations, divertissements et, accessoires, sera monté de manière à pouvoir être joué à Louvois, pour y faire partie de son répertoire, et, conséquemment, la dépense qu'il exigera se fera dans les proportions établies pour les pièces jouées jusqu'à présent à ce théâtre.

2° D'un ballet que le bénéficiaire choisira dans le répertoire courant de l'Académie Royale de Musique.

Art. 8. — La durée du présent traité est d'une année, qui commencera dans le mois de juillet 1824, dans le courant de quel mois le sieur Rossini devra être rendu à Paris, et finira également dans le mois de juillet 1825, au jour correspondant à celui de l'arrivée du sieur Rossini à Paris, dans le mois de juillet de l'année précédente.

Art. 9. — Pendant le cours de l'année spécifiée à l'article ci-dessus, le sieur Rossini, s'engage très expressément à résider à Paris, à ne travailler que pour l'Académie Royale de Musique et le Théâtre Royal Italien, comme aussi à ne faire exécuter en France aucun ouvrage soit nouveau, soit déjà connu, et qu'il aurait pu avoir composé jusqu'au jour où le présent traité aura son exécution.

6

· Art. 10. — En cas de contestations, discussions ou difficultés sur l'interprétation ou l'exécution des différents articles de ce traité, le sieur Rossini consent, ainsi que l'ont fait tous les artistes au service du Ministère de la Maison du Roi, à s'en rapporter aux décisions du ministre, sans autre intervention.

Fait double à l'Hôtel de l'Ambassade de France à Londres, le 27 février 1824.

Signé : GIOACCHINO ROSSINI.

Pour copie conforme : Le chef de la deuxième division,

LE COMTE DE TILLY.

La mention de l' « Hôtel de l'Ambassade de France » achève de donner du caractère à cette pièce. Non moins intéressante est celle où, quelques mois après, le 26 novembre 1824, Rossini est chargé, par décision royale, de diriger à partir du 1er décembre la musique et la scène du Théâtre-Italien :

ARTICLE PREMIER. — Le sieur Rossini sera chargé de diriger la musique et la scène du Théâtre Royal Italien. Il aura en conséquence autorité sur tous les sujets de la scène et de l'orchestre, et pendant la durée des représentations il commandera à tous les fonctionnaires et employés de l'établissement.

ART. 2. — Le sieur Rossini prendra le titre de *directeur de la musique et de la scène du Théâtre Royal Italien* et son traitement, en cette qualité, sera fixé à *vingt mille francs par an ;* il lui sera, en outre, et pendant la durée de ses fonctions, accordé un logement dans les bâtiments dépendant des Beaux-Arts. Cette clause devra être exécutée avant l'expiration d'une année, à compter de ce jour.

ART. 3. — L'administration du Théâtre-Italien continuant d'être réunie à celle de l'Opéra Français, les dispositions administratives concernant la police, le matériel et la comptabilité continueront à s'effectuer comme il a été fait jusqu'à ce jour, et sous l'autorité administrative de l'Académie Royale de Musique.

ART. 4. — Le sieur Rossini s'engage en outre à composer les ouvrages qui lui seraient demandés, soit pour l'Opéra Italien, soit pour l'Opéra Français, à raison de *cinq mille francs* pour ceux en *un acte* et *dix mille francs* pour *ceux en plusieurs actes;* lesquelles sommes ne lui seront payées qu'après la représentation des dits ouvrages. Il est bien entendu que le sieur Rossini jouira des droits et honoraires des auteurs français pour les ouvrages qu'il composera pour l'Académie Royale de Musique, et qu'il restera seulement propriétaire des partitions de ses ouvrages composés pour l'Opéra Italien sans que, pour les uns comme pour les autres, il ait le droit de les faire représenter sur aucuns théâtres français.

ART. 5. — Les présentes dispositions recevront leur exécution à dater du 1er décembre prochain. M. Rossini s'engage à prévenir six mois d'avance de l'intention qu'il pourrait avoir de cesser ses fonctions qui seront révocables du moment que les intérêts du service du roi pourraient le réclamer; sans que cette résiliation donne à M. Rossini le droit de réclamer aucune indemnité de quelque nature qu'elle soit.

Rossini, déjà si envié, n'allait pas tarder à voir se produire contre lui une recrudescence de jalousies, en raison de sa situation nouvelle, bien déterminée par la pièce un peu longue, mais historiquement importante, que nous venons de placer sous les yeux du lecteur.

Ce fut le 3 décembre que le vicomte de La Rochefoucauld notifia l'arrêté qu'il venait de prendre à Duplantys sous l'autorité de qui, conjointement à celle du conseil d'administration de l'Académie de Musique, Rossini était placé d'une façon sans doute surtout nominale.

Du côté du Théâtre-Italien s'éleva immédiatement une difficulté qu'il n'eût pas été difficile de prévoir. Blessé de se voir subordonné à celui dont il avait l'ingénuité de se regarder comme l'égal, Paër donna sa démission. Ce ne fut là, d'ailleurs, que ce qu'on appelle une fausse sortie. Cette démission offerte en hâte, il la reprit avec plus de précipitation encore, menacé qu'il fut, s'il la maintenait, de perdre en même temps sa place de compositeur de la chambre du roi. Pour marquer du moins son mécontentement, Paër affecta désormais de se désintéresser surtout de ce qui ne rentrait pas rigoureusement dans ses attributions.

Nous avons dit à quel rang Mme Pasta était alors placée par ses admirateurs, et, on peut l'ajouter, par l'unanimité du public. Ce fut en grande partie grâce à son concours que la première saison de Rossini fut extrêmement brillante. Écrit spécialement à l'occasion du sacre de Charles X, il *Viaggio a Reims* obtint un succès qui, d'ailleurs, allait être suivi de plusieurs autres. Aussi, dans les documents officiels, témoigne-t-on la plus grande satisfaction au compositeur, auquel des félicitations sont transmises de la part du département des Beaux-Arts.

Le 12 novembre 1825 la troupe italienne avait repris possession du théâtre de la place Favart. A ce théâtre, le 14 février 1828, passa, comme contrôleur du matériel, après avoir jusque-là exercé les mêmes fonctions à l'Académie Royale, Robert, qui devait bientôt s'asseoir au fauteuil directorial.

Autre fait se rapportant à l'histoire, qui seule nous occupe désormais, de la salle Favart. Nous voulons parler de la décision prise, le 5 juillet 1826, par le vicomte, d'après laquelle Mlle Cinti, en attendant l'arrivée des nouvelles chanteuses venant d'Italie, serait affichée exclusivement à Favart.

« L'ajournement de la mise en scène du *Siège de Corinthe*, explique M. de La

Rochefoucauld, facilite l'exécution de cette mesure, et nous permet d'utiliser ainsi le talent de Mlle Cinti à qui j'ai fait connaître nos intentions à cet égard. » Le 30 juin, en effet, à la suite d'une réclamation de la cantatrice, réclamation dont nous regrettons de ne pas avoir le texte, M. de La Rochefoucauld avait adressé à Mlle Cinti cette solennelle missive :

J'ai reçu, Mademoiselle, et je n'ai pas lu sans surprise la lettre que vous m'avez adressée sous la date du 27 de ce mois; je ne puis y reconnaître l'expression de vos sentiments et je me plais encore à croire qu'un moment de réflexion et surtout un examen plus approfondi de vos droits et de vos devoirs vous eût fait refuser d'apposer votre signature au bas d'un écrit indigne de votre caractère. Quoi qu'il en soit, Mademoiselle, vous exposez des griefs contre l'administration et vous portez des plaintes auxquelles je dois répondre pour vous démontrer leur injustice. D'abord vous donnez à l'engagement que vous avez contracté avec l'Académie Royale de Musique une interprétation forcée, et comme c'est principalement sur les termes de cet engagement que vous vous appuyez pour motiver votre refus de paraître désormais sur le Théâtre-Italien, il faut bien ici commenter l'article que vous invoquez. Je vais donc vous rappeler ce que vous semblez avoir oublié.

Le 17 octobre 1825, vous avez été engagée au théâtre de l'Académie Royale de Musique *pour y faire un service actif* quand l'administration le croirait utile. Jusque-là vous restiez attachée *au Théâtre-Italien*, c'est-à-dire que, jusqu'au moment où vous auriez terminé vos débuts à l'Opéra Français, vous étiez spécialement affectée au service de l'Opéra Italien : plus loin l'engagement ajoute que *momentanément*, par l'effet d'une *circonstance quelconque*, vous resterez à la disposition du Théâtre-Italien, *au gré de l'administration.*

Ces expressions, Mademoiselle, me semblent assez précises et je ne vois pas dans quel but elles auraient été insérées au contrat dont vous réclamez l'exécution si dès l'instant que vous auriez été admise à l'Opéra Français tout service devait cesser pour vous à l'Opéra Italien; le mot *momentanément* n'est-il pas la preuve manifeste que l'administration avait prévu le besoin de vous faire faire un service accidentel au Théâtre-Italien, et certes les circonstances qui l'ont forcée à recourir à votre talent n'ont que trop malheureusement justifié sa prévision, de même qu'elles ont dû vous prouver que ce n'était point par caprice et surtout avec l'intention de vous surcharger de travail qu'elle avait réclamé votre coopération pour le service d'un théâtre dont la gloire ne vous est point étrangère.

Maintenant, Mademoiselle, récapitulons ce qui a été exigé de vous pour l'Opéra Français et voyons si effectivement le *service actif* que l'administration était en droit de réclamer a été tel que vos forces aient dû en être épuisées? De compte fait depuis six mois, vous avez paru quinze fois sur le Théâtre de l'Académie Royale de Musique, ce qui fait un peu moins de trois fois par mois, et de ce nombre de représentations, si vous voulez déduire celles où vous n'avez paru que par complaisance, soit pour coopérer au soulagement des frères Franconi, soit même pour obliger Mme Branchu, vous conviendrez qu'un semblable service n'était pas de nature à vous faire succomber de fatigue.

Lorsque au mois d'avril la maladie de Mme Mombelli a fait concevoir des craintes sérieuses sur le sort du Théâtre-Italien, je me suis plu à compter sur vous, Mademoiselle,

Mme MALIBRAN

Miniature offerte par les abonnés de l'Opéra de Venise.

pour en soutenir le répertoire; mais vous savez aussi qu'alors je donnai l'ordre positif de ne vous faire faire aucun service à l'Opéra Français, et, si par hasard vous y avez paru, vous n'avez pas oublié sans doute que ce fut de votre part un acte d'humanité et de complaisance dont je ne suppose pas que vous puissiez vous repentir et que dans tous les cas l'administration n'a point exigé. Ainsi, Mademoiselle, tombe tout naturellement l'assertion que vos fatigues aux deux théâtres vous font succomber sous le poids du travail, et ce qui mieux que tout cela prouve encore que ce n'est point un excès de fatigue que vous redoutez, c'est que vous avez proposé vous-même de faire conjointement le service des deux théâtres moyennant *des feux* ou un nouvel engagement : ainsi donc lorsque l'exigence de l'administration se borne à ne réclamer de vous que ce que la plus stricte équité ne saurait vous permettre de refuser sans manquer à vos engagements, je ne puis me rendre raison des motifs qui ont pu vous déterminer à faire une démarche dont vous n'avez pas prévu les conséquences.

Je crois, Mademoiselle, qu'il n'est pas nécessaire de vous rappeler toutes les preuves d'intérêt et de bienveillance que je n'ai cessé de vous donner et que justifiaient assez votre talent et vos services. Vous n'avez pas oublié sans doute que récemment encore, désirant vous témoigner ma satisfaction et récompenser votre zèle, je vous ai promis comme dédommagement une prolongation de congé et qu'alors vous prîtes envers moi l'engagement formel de cesser toute récrimination : est-ce donc ainsi que vous tenez votre parole?

Je veux bien, ainsi que je vous l'ai dit en commençant, n'attribuer qu'à de l'irréflexion l'expédition d'une lettre dont j'ai le droit d'être mécontent : j'écoute toujours avec bienveillance les réclamations des artistes; je me fais un devoir comme un plaisir de les accueillir quand elles sont justes; mais je ne sais point céder à des menaces, et si vous avez pu penser, Mademoiselle, qu'elles exerceraient la moindre influence sur ma détermination je dois vous détromper : ce moyen ne réussira pas. L'administration a usé de ses droits envers vous; elle les a exercés avec tout le ménagement que vous deviez en attendre puisque pendant tout le temps que vous avez fait exclusivement le service aux Italiens elle n'a point fait monter de pièces nouvelles et s'est bornée à vous faire paraître dans des rôles que vous n'aviez point besoin d'étudier, afin de ne point ajouter au travail que nécessitaient les répétitions de l'opéra du *Siège de Corinthe*, et lorsqu'à son détriment elle se montrait si soigneuse de vous épargner des fatigues, elle était sûrement loin de s'attendre à vous voir méconnaître ses intentions.

En définitive, Mademoiselle, vos plaintes sont mal fondées, vos menaces sont inconvenantes, et j'ai assez de confiance en votre loyauté pour être bien certain que vous éprouverez quelque regret d'avoir fait une démarche inconsidérée.

Elle me semble si peu en harmonie avec ce que j'étais en droit d'attendre d'un caractère tel que le vôtre, qu'il ne m'est pas difficile de penser que vous chercherez à en faire perdre le souvenir. Je me plais à y compter, Mademoiselle, et ce sera alors avec une vive satisfaction que je saisirai l'occasion de reconnaître vos efforts.

En attendant la représentation du *Siège de Corinthe* dont la mise en scène est ajournée, je donne l'ordre à l'administration de ne point vous faire paraître sur le Théâtre de l'Académie Royale de Musique afin de vous laisser à la disposition *momentanée* du Théâtre-Italien. où votre coopération est indispensable jusqu'à l'arrivée des cantatrices que l'on attend d'Italie. Vous n'aurez donc point à faire le double service qui excite vos craintes, et vous n'aurez dès lors aucun sujet de vous plaindre d'un excès de travail qu'il n'a jamais été question de vous imposer..

Cette éloquence un peu verbeuse ne fut point persuasive. Mlle Cinti refusa complètement de venir à résipiscence. Elle alla jusqu'à là révolte ouverte et suscita toutes sortes de difficultés à l'administration.

Le 2 août, nous voyons M. de La Rochefoucauld charger Duplantys de donner à la chanteuse l'ordre de reprendre son service à l'Opéra, tout en retenant ses appointements du mois de juillet, mois au cours duquel elle avait refusé de paraître sur la scène des Italiens.

Peu après, du reste, l'administration avait lieu d'être plus satisfaite de Mlle Cinti qui remportait un triomphe personnel le 9 octobre, date mémorable de la première représentation du *Siège de Corinthe* à l'issue de laquelle l'orchestre de l'Opéra, conduit par Habeneck, alla donner à Rossini, en plein Paris, sous ses fenêtres, une sérénade.

Le mois de ce grand succès allait voir la fin de la direction officielle de Rossini, appelé à d'autres fonctions, selon la formule connue; il fut en effet, le 17, nommé compositeur de Sa Majesté et inspecteur général du chant dans tous les établissements royaux. En fait, aux Italiens, Rossini demeura le maître, tandis qu'à l'Opéra, Lubbert, prenant à ce moment la place du véritable administrateur, Dubois, n'allait pas tarder à se hisser à la direction proprement dite.

En décembre, nous voyons M. de La Rochefoucauld donner l'ordre de payer, pour novembre et décembre, les émoluments de Rossini comme à l'ordinaire. C'est, semble-t-il, le reconnaître toujours comme directeur, à moins que le fait qu'il s'agit des deux derniers mois de l'année ne permette d'interpréter cette mesure comme une finale largesse gouvernementale.

Enfin Robert est nommé inspecteur des Italiens et chargé du service matériel. C'est alors qu'il a l'occasion de se lier, d'abord avec Rossini, ensuite avec Severini, régisseur du même théâtre depuis 1824.

Toute cette histoire particulière que nous essayons de débrouiller se poursuit, on ne l'ignore pas, au milieu d'une histoire générale singulièrement agitée par les incidents, de plus en plus graves et menaçants, de la politique intérieure. La chronique artistique doit alors enregistrer une nouvelle réussite pour Rossini avec *Moïse* donné à l'Opéra et la sensationnelle arrivée de la Malibran à Paris. En ce qui concerne notre sujet, il se produit un fait des plus importants motivé par la continuation des difficultés où se débattait la double direction si compliquée des Italiens et de l'Opéra; c'était, pour donner une idée de ces embarras multiples, le départ, sérieux cette fois, de Mlle Cinti, les ennuis financiers les plus graves, un passif augmenté démesurément et jusqu'au point de menacer le fonctionnement, l'existence même des deux théâtres, etc. C'est dans de telles circonstances, cependant peu engageantes, qu'un certain Émile Laurent sollicita l'autorisation d'exploiter le Théâtre-Italien à ses risques et périls. Voici, à ce propos, une lettre adressée par M. de La Rochefoucauld à Lubbert :

J'ai l'honneur de vous prévenir, Monsieur, que le Roi, sur la proposition qui lui en a été faite, a bien voulu consentir à ce que la salle du Théâtre-Favart fut mise immédiatement à la disposition de M. Émile Laurent qui se chargera de la direction du Théâtre-Italien et de celle du spectacle anglais, sous les conditions qui lui seront stipulées dans un traité dont les bases principales ont été approuvées par S. M. En conséquence, je vous invite à faire à M. Laurent la remise de cette salle et à le faire reconnaître en sa qualité de directeur du Théâtre-Italien, à dater du 1er octobre 1827. Vous voudrez bien vous occuper du soin de faire dresser sauf délai un état exact des lieux, ainsi que l'inventaire régulier de tous les objets mobiliers qui seront confiés à M. Laurent, et dont la jouissance définitive ne lui sera acquise qu'après la rédaction de l'acte qui doit lui concéder le privilège, et lorsque ce même acte aura été revêtu de toutes les formalités qui pourront en assurer la validité.

Jusque-là, la remise du théâtre n'est que provisoire et n'a d'autre objet que de faciliter à M. Laurent les moyens de continuer les représentations des opéras italiens, concurremment avec les ouvrages dramatiques du théâtre anglais.

Au nombre des principales mesures dont il importe de s'occuper immédiatement, est la remise, dans la forme légale, de la salle du Théâtre Royal Italien. Déjà, par ma lettre du 2 de ce mois, je vous ai invité à dresser l'état exact des lieux. Mais, à cette occasion, j'ai lieu de remarquer qu'au mois de juin dernier cette formalité n'avait point encore été remplie par les architectes à l'égard de l'administration de l'Académie Royale de Musique. Je désire savoir ce qui a été fait à ce sujet. Je pense que si cette remise n'a eu lieu que depuis peu, il suffirait de représenter à M. Laurent le procès-verbal relatif à cette opération en faisant reconnaître par lui l'état des lieux, afin qu'à l'expiration de son privilège il en fasse la remise dans l'état convenable.

Une autre opération exige vos soins particuliers et immédiats : c'est l'inventaire exact de tous les objets mobiliers dont la jouissance est laissée à M. Laurent; je vous ai déjà recommandé cette affaire. Je ne saurais trop vous prier d'en hâter la conclusion qui ne peut souffrir de retard.

Il devient également essentiel de ne pas différer un seul instant d'aviser aux moyens de pourvoir au remboursement du prix des loges louées au Théâtre-Italien, dont le paiement a été effectué, à l'avance, à l'administration de l'Académie Royale de Musique et dont la portion afférente au temps qui reste à courir de cette location à partir du 1er octobre est devenue la propriété de M. Émile Laurent.

Quelques jours plus tard, Lubbert reçut la copie, accompagnée d'instructions nouvelles, du traité passé avec Laurent :

Je vous invite à vouloir bien mettre tous vos soins à ce que l'état de ces logis, dont je sais que vous vous occupez en ce moment, soit dressé et me parvienne dans le plus bref délai possible.

Il ne me reste plus, Monsieur, qu'un objet sur lequel j'appelle toute votre attention. Il est nécessaire que je connaisse avant la formation du budget pour l'exercice prochain l'état de toutes les dettes du Théâtre Royal Italien, antérieures au 1er octobre. Il m'intéresse donc essentiellement que les comptes de ce théâtre soient établis sans délai, et je vous recommande de veiller à ce que ce travail ne souffre aucun retard.

Désormais, les Italiens ne sont plus sous la domination de l'Opéra. C'est une ère nouvelle qui commence et les débuts n'en sont pas brillants. Un séjour antérieur du nouvel impresario Laurent en Angleterre n'a pu développer beaucoup en lui l'aptitude spéciale d'un vrai directeur parisien. Sur son théâtre il imagine l'alternance assez hétérogène d'opéras italiens et d'œuvres dramatiques anglaises. Il a, d'ailleurs, matériellement, la partie belle : la salle Favart lui était concédée sans rétribution, et on lui versait une subvention de 80.000 francs.

Les débuts de la troupe anglaise (15 octobre) eurent un succès d'estime, rien de plus.

Laurent allait tenir une bien meilleure carte avec la Malibran. Cette artiste prestigieuse, dont la réputation parisienne s'était préparée et commencée dans les salons, alors très en vue, de la comtesse Merlin, avait fait au théâtre un début « hors rang » en quelque sorte, en chantant, pour le bénéfice de Galli aux côtés de Mlle Sontag, sur la scène de l'Opéra. L'Académie de Musique aurait souhaité, surtout après une telle épreuve, de s'attacher une telle artiste ; mais la fille de Garcia tenait à la carrière italienne et elle accepta un engagement à Favart. Disons que Rossini, dont les rapports avec Laurent étaient froids — il devait bientôt travailler à l'évincer au profit de Robert et de Severini —avait fait tous ses efforts pour pousser la Malibran à entrer à l'Opéra.

Le 8 avril 1828 celle-ci débuta aux Italiens dans *Semiramide* et réussit brillamment comme bien on pense; une série de très belles représentations fut ainsi assurée jusqu'à son départ pour Londres, en avril 1829, époque où Laurent, dont la subvention avait été abaissée à 60.000 francs, obtint, en compensation peut-être, la permission de conduire sa troupe de l'autre côté de la Manche, au *King Theater*.

La scène de Favart étant devenue libre pendant l'absence des artistes italiens fut occupée momentanément par une troupe allemande que dirigeait Roeckel et qui donna *le Freischutz*, *la Flûte enchantée* et *Fidelio*.

Le 9 juin, cette troupe allemande fit place à une troupe anglaise.

En septembre se placent les débuts de Mlle Heinefetter; mais Laurent n'a pas eu à sa disposition les arguments oratoires ou métalliques nécessaires pour décider la Malibran à rester avec lui. Cette saison désastreuse est pour le directeur un triste chant du cygne. Il est forcé de passer la main à Robert et à Severini. Avec eux, la fortune du Théâtre-Italien allait, selon l'expression du poète, prendre une face nouvelle, la troupe s'adjoindre de brillantes recrues, Tamburini, Lablache, Mmes Giulia Grisi, Persiani, et le répertoire s'accroître, à défaut de productions inédites de Rossini, de toute une série d'œuvres de Bellini et de Donizetti : *la Somnambule*, *Norma* et *les Puritains*, d'une part; de l'autre *Anna Bolena*, *Lucia* et *l'Élisir d'amore*.

ORNEMENT D'UN PROGRAMME.

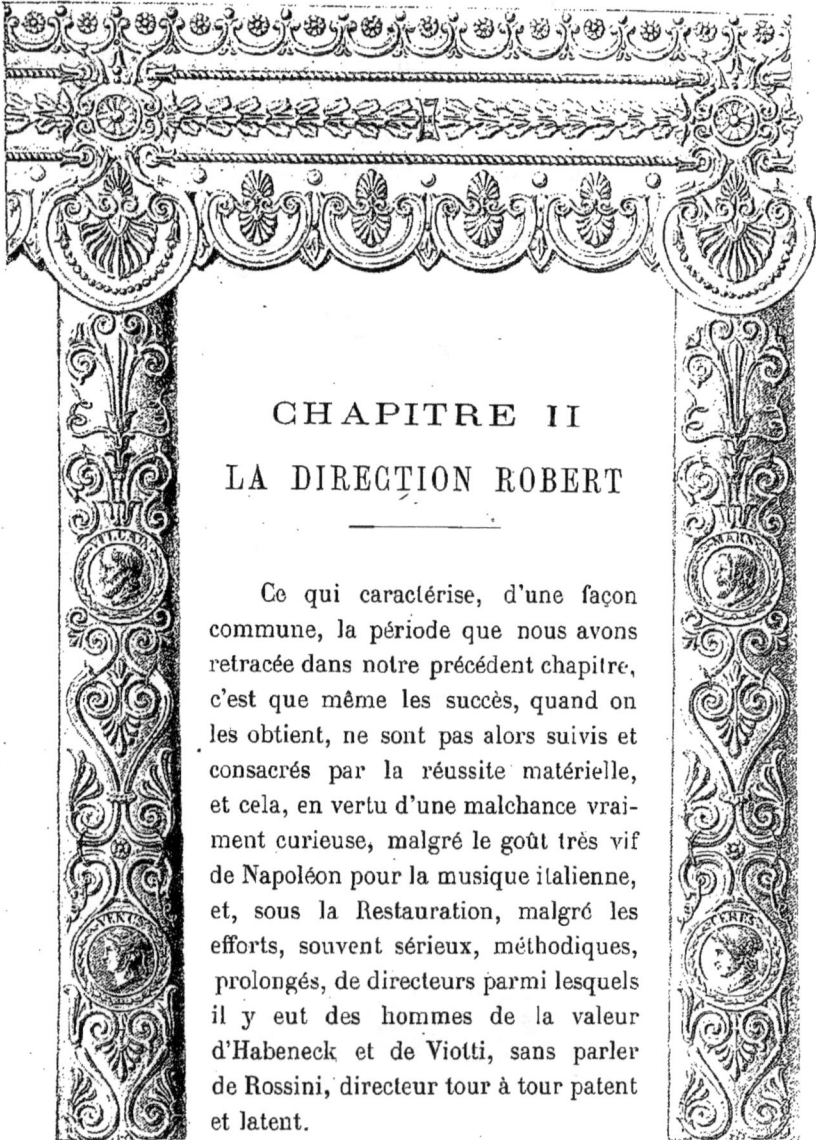

CHAPITRE II

LA DIRECTION ROBERT

Ce qui caractérise, d'une façon
commune, la période que nous avons
retracée dans notre précédent chapitre,
c'est que même les succès, quand on
les obtient, ne sont pas alors suivis et
consacrés par la réussite matérielle,
et cela, en vertu d'une malchance vraiment curieuse, malgré le goût très vif
de Napoléon pour la musique italienne,
et, sous la Restauration, malgré les
efforts, souvent sérieux, méthodiques,
prolongés, de directeurs parmi lesquels
il y eut des hommes de la valeur
d'Habeneck et de Viotti, sans parler
de Rossini, directeur tour à tour patent
et latent.

SALLE FAVART
Avant-Scène. Détail de la moitié supérieure d'une des trois divisions.
Composé et dessiné par HITTORFF *et* LE COINTE.

De 1830 à 1839, il en fut tout autrement, et cependant, selon l'usage. les *impresarii*, on le verra, littéralement gâtés par le succès, bénéficiant de toutes les facilités heureuses que créent dans une ville telle que Paris la mode et la vogue, cèdent volontiers, au moins dans leurs rapports officiels, à la tentation de récriminer et de se plaindre.

Dans la période exceptionnelle dont nous parlons, on a tout à la fois la gloire et la fortune. Ce double triomphe soutenu est légitimé par l'abondance au répertoire de nouvelles œuvres très saillantes et par la réunion sur la scène d'une troupe où n'abondent pas moins les artistes des deux sexes, absolument hors ligne. C'est, pour cette époque, une particularité vraiment caractéristique dans l'histoire du théâtre, de pouvoir constater que les Italiens balancèrent alors la fortune de l'Opéra, et prirent dans l'opinion publique une importance égale ou même parfois légèrement supérieure. On trouverait en ce sens des indications précieuses dans les auteurs contemporains de romans et de nouvelles, notamment dans Balzac, dans Mérimée. Il ne faudrait pas oublier non plus *la Camaraderie* de Scribe, où l'on voit, au début du second acte, que, « comme toujours », la jeunesse élégante passe l'après-midi « à la répétition des Italiens », ce qui nous marque de quel côté inclinaient à ce moment les préférences du dilettantisme mondain.

Ces années si brillantes, qui mirent le sceau à la réputation de Rossini et qui sacrèrent la naissante renommée des compositeurs plus jeunes de l'École italienne, furent principalement dues à l'activité extraordinaire de deux hommes bien doués pour ce genre d'application et que nous avons précédemment nommés : Robert et Severini. Ajoutons que, tous deux capables, et, de par leur passé, très versés dans la technique théâtrale, ils furent constamment soutenus, et en quelque sorte moralement dirigés, — avec quelle sagacité avisée et supérieure ! — précisément par le maître dont nous venons d'évoquer le nom, par l'auteur adulé, encensé, du *Barbier* et de *Guillaume Tell*.

Essentiellement hommes de théâtre, Robert et Severini s'étaient, comme on dit, faits eux-mêmes, en partant des situations les plus modestes. Robert, après avoir servi dans les Vélites de la Garde, était, d'employé, devenu régisseur; mais il avait su se donner une sorte d'éducation, du moins en ce qui concerne les manières qui étaient chez lui celles d'un homme du monde, et

ainsi pouvait-il au besoin entrer sans infériorité en contact avec les personnalités du rang le plus élevé.

Severini, avec de fortes facultés administratives, excellait dans le choix
des interprètes de valeur. Il possédait, de plus, la qualité qui, en pareille
matière, est décisive, l'aptitude à défendre, avec férocité, la caisse.

C'est à ces deux personnages qu'aux cours du chapitre actuel nous
allons laisser presque continuellement la parole, en reproduisant, — ce qui,
de la manière la plus succincte, fera pour ainsi dire assister le lecteur à la
suite même des événements, — une partie de leur correspondance demeurée
jusqu'à présent inédite. Rossini y est mêlé, directement quelquefois, indirectement presque toujours.

En 1825 Severini était devenu régisseur des Italiens. Avec l'assentiment
de Duplantys, alors directeur-Janus de l'Opéra et des Italiens, il louait à
l'Hôtel de Malte, rue de Richelieu, un appartement du prix mensuel de
130 francs. Le poste qu'il occupait était d'une importance capitale, car par
lui se trouvait formé le trait d'union entre les services intérieurs des deux
théâtres. C'est de cette époque que date sa liaison amicale avec Robert, inspecteur aux Italiens, et qui, vu ses capacités spéciales, avait été tout d'abord
très remarqué et apprécié par ses chefs. Cela ressort de ce fait qu'en 1826 on
le chargeait d'établir et de rédiger le rapport qui devait servir de base à la
formation du budget pour le Théâtre-Italien en 1827.

Laurent, nous l'avons raconté précédemment, était de ceux dont

Les pareils à deux fois ne se font pas connaître,

et auxquels peu de temps est nécessaire pour affirmer leur maîtrise. Deux
années lui avaient suffi pour mener le théâtre dont il avait la charge à cette
frontière où l'insuccès confine à la faillite. Durant ce bref règne de Laurent,
pendant lequel Robert et Severini étaient demeurés en fonction, la correspondance entre eux existe, mais à l'état embryonnaire et sans aucun intérêt.

Ce fut en juin 1829 que Robert, en remplacement de Laurent, fut nommé
directeur, fonctions dont, aux termes de son arrêté d'investiture, il devait
prendre la charge à partir du 1er octobre 1830. Il était, dans cette direction,
associé avec Severini. Presque aussitôt après sa nomination, il partit pour
l'Italie, en vue d'y recruter des artistes, et aussi de solliciter les conseils

de Rossini, habitué déjà à jouer volontiers le rôle d'une sorte d'Eminence grise. Durant des mois il va y avoir entre ces deux associés de constants échanges intimes, et l'on assistera à la succession de leurs efforts, généralement habiles, souvent heureux.

Auprès de Severini, à Paris, Robert avait laissé son frère aîné, que nous retrouverons plus d'une fois dans ces pages, un bon gros garçon, une sorte de seigneur sans importance, dont le cadet « arrivé » avait fait son *factotum*. Il passait son temps à faire les commissions, à recevoir les visiteurs, à éconduire les indiscrets et les importuns. Robert jeune avait pour lui une affection toute fraternelle, mais il le tenait un peu à l'écart et ne le laissait guère pénétrer dans le cercle des relations mondaines qu'il pouvait avoir. Lesté d'un tel compagnon, Severini dut d'abord négocier avec la Malibran qui commença par refuser le cachet, cependant élevé pour l'époque, qu'on lui offrait par représentation, à vrai dire pour une seule saison. De ces résistances de la cantatrice Severini informe Robert, alors à Bologne, et qui, sur l'avis conforme de Rossini, répond, le 5 septembre, qu'on doit avoir la Malibran, coûte que coûte :

Il faut avoir la Malibran qui chante les deux genres, plus le contralto, il faut l'avoir au meilleur prix possible et, s'il n'y a pas moyen, il faudra en passer par où elle voudra, sans quoi, *siamo rovinati*. Avec la Pasta, point d'opéra nouveau et elle ne s'entendra pas avec Marie Lalande qui, au contraire, ira bien avec la Malibran.

Siamo rovinati! notons tout de suite que la bigarrure des locutions ou des phrases italiennes prête quelquefois à cette correspondance un aspect vaguement « macaronique ».

Le 22 septembre, Robert insiste, avec quelle énergie !

J'attends avec impatience que vous m'annonciez que vous avez terminé avec la Malibran. Songez, mon cher, qu'il nous la faut absolument. Sinon nous sommes... perdus (le mot employé par Robert est plus énergique) dès notre première année, car la Lalande me fait trembler et sans sa réputation elle ne serait pas supportée; elle n'a pas cette belle méthode que nos grands artistes ont fait connaître à Paris et qui est perdue tout à fait en Italie. Tâchez donc, mon cher, d'en finir avec la Malibran. Il nous la faut absolument et coûte que coûte, car enfin elle nous tiendra les trois emplois, soprano serio et buffo et contralto, et comme talent il faut bien se mettre dans la tête qu'elle est unique dans le monde; tout ce qui reste en Italie est *tanti cani...* »

DONIZETTI

Mais la Malibran répondait négativement à toutes les requêtes, et affirmait sa volonté bien arrêtée de ne traiter qu'à raison de 1075 francs par représentation. Le 29 septembre Robert se décide à invoquer contre elle en quelque sorte l'appui du bras séculier. Au vicomte de La Ferté, alors chargé des théâtres, il adresse la lettre qu'on va lire. Nous répéterons ici ce que nous avons dit à deux ou trois reprises, dans la première partie de ce travail : la lettre est longue mais elle vaut, nous semble-t-il, d'être lue. Le quatrième paragraphe, en particulier, plein de détails authentiques et vivement présentés, offre, en raccourci, un tableau de la situation de l'art du chant, à cette date, en Italie :

MONSIEUR LE VICOMTE,

Severini m'a fait part de votre lettre du 15 du courant par laquelle vous lui faites craindre que Mᵐᵉ Malibran ne veuille pas s'engager avec moi, parce que je ne lui offre que 1.000 francs par représentation. J'avais lieu de compter qu'elle me traiterait avec moins de rigueur que M. Laurent dont elle n'a pas eu à se louer, tandis qu'elle est bien sûre de trouver sous ma direction tous les soins et tous les égards qu'elle mérite, et qu'elle aura en moi un ami véritable plutôt qu'un chef.

La Maison du Roi ayant réduit de 20.000 francs la subvention, ma première intention était d'offrir à Mᵐᵉ Malibran 800 francs par représentation, somme déjà bien considérable, mais plus en harmonie avec ma subvention. Veuillez vous rappeler, Monsieur le Vicomte, que lorsque vous m'avez fait part des propositions exagérées et véritablement extravagantes de Mᵐᵉ Malibran, vous avez reconnu vous-même que je ne pourrais jamais m'en tirer avec la subvention de 70.000 francs que l'on m'accorde, et vous m'avez engagé à solliciter auprès de M. de la Bouillerie une augmentation avant de rien conclure avec Mᵐᵉ Malibran. Mes tentatives à cet égard ont été infructueuses, et j'ai reconnu qu'il ne fallait pas insister sur ce point, surtout la première année de ma direction. Il faut donc que je marche cette année avec les seules ressources qui me sont accordées : or, si Mᵐᵉ Malibran absorbe, à elle seule, toutes ces mêmes ressources, que me restera-t-il pour les autres sujets? Mᵐᵉ Malibran, avec son immense talent dont je suis le plus ardent et le plus sincère admirateur (et elle le sait bien), ne peut former à elle seule une troupe entière. Vous savez que je suis forcé par mon traité d'avoir deux prime done soprani et un contralto, plus deux premiers ténors et deux premières basses. Chacun de ces artistes, encouragé par l'exemple de Mᵐᵉ Malibran, ne mettra plus de bornes à ses prétentions, et avec la meilleure volonté du monde il me deviendra absolument impossible de marcher.

Toute la difficulté ne consiste donc plus maintenant que dans la différence entre la somme ronde de 1.000 francs proposée et l'augmentation de 75 francs de plus, par représentation qu'exige Mᵐᵉ Malibran. J'en appelle à sa délicatesse et à sa générosité pour fixer le taux de cette augmentation, et en passant ainsi par ses volontés je lui montre le vif désir que j'ai de conclure avec elle bien que les conditions qu'elle m'impose soient bien plus dures que celles qu'elle a exigées de mon prédécesseur qui avait 20.000 francs de plus de subvention.

Mᵐᵉ Malibran doit être bien persuadée qu'elle ne trouvera nulle part en Italie des offres semblables. Je suis sur les lieux. J'ai vu les principaux théâtres et les principaux entrepreneurs. Aucun ne pourra lui offrir de semblables conditions : le Ciel la préserve des théâtres de la Scala ou de San Carlo. Il faut chanter là six fois par semaine, le moins c'est quatre fois, plus les répétitions qui ont lieu les jours où l'on chante. Il faut faire le service le plus pénible et le plus désagréable : l'autorité se mêlant de l'administration du théâtre exerce son pouvoir de la manière la plus dure vis-à-vis des artistes. Si vous voyiez combien les conditions des engagements sont sévères ! et dans ces vastes salles il faut non pas chanter mais crier à tue-tête, car on n'écoute plus. Il faut l'avouer, le goût est perdu en Italie depuis huit ou dix ans. On n'y applaudit que les cris. J'ai retrouvé à Milan l'urlo francese dont Rossini nous a débarrassés à l'Opéra et qui semble avoir établi son empire en Italie. J'en suis scandalisé et Rossini n'en revient pas, car ce n'était pas comme cela dans son temps. Des talents délicieux tels que Rubini et Tamburini ne sont pas écoutés quand ils chantent d'une manière ravissante. Les Italiens écoutent maintenant la musique comme les Anglais et n'applaudissent et ne redemandent les acteurs que lorsqu'ils poussent des cris d'énergumènes ; aussi ces malheureux artistes sont sur les dents ; ils perdent leur talent et abrègent leur carrière. Que deviendrait notre chère madame Malibran sur ces théâtres et avec un public si barbare et si vandale ! Avec son énergie et son âme brûlante, elle aurait la poitrine ruinée en peu de temps, et ses forces ne pourraient résister à une pareille fatigue. Son véritable théâtre, sa véritable patrie est Paris où elle est chérie, aimée et appréciée pour ce qu'elle vaut au théâtre et dans le monde. Il faut ajouter que pour ce qui est relatif à la Société, il n'y a pas la moindre ressource en Italie ; point de concerts privés, ressource si avantageuse aux artistes de Paris. Croyez, Monsieur le Vicomte, que ce tableau est vrai et que je ne le fais point dans l'espoir d'avoir de meilleures conditions de Mᵐᵉ Malibran. Mais je le répète, malheur à elle si elle vient jamais en Italie et c'est dans son propre intérêt que je le dis et pour qu'elle conserve la force de fournir jusqu'au bout la brillante carrière qu'elle a si bien commencée.

Je m'en rapporte, Monsieur le Vicomte, à l'intérêt que vous m'avez témoigné et à celui que vous portez à la splendeur du Théâtre Royal Italien pour espérer que cette affaire pourra s'arranger à la satisfaction des deux parties, et que, grâce à vos bons soins, le Théâtre-Italien ne sera pas privé de son plus bel ornement.

Veuillez agréer, Monsieur le Vicomte, l'assurance de ma considération la plus distinguée.

Copie de cette lettre fut, le jour même de son expédition, envoyée à Severini par Robert qui ajoutait ce commentaire vengeur : « Il est bien permis de marchander quand on nous surfait d'une manière aussi indécente. Il faut toute l'urgente nécessité que nous avons de cette sangsue rapace pour en passer par de si dures conditions. »

Au fond, Robert était surtout vexé en songeant que, malgré toutes ses

8

réclamations et ses requêtes, l'influence de la Malibran était, dans les bureaux, toute-puissante. C'est pour leur complaire qu'il dut consentir, en fin de compte, au prix de 1.075 francs par soirée. Ce ne fut pas tout. La chanteuse imposait là réserve exclusive pour elle des rôles de Desdémone, de Juliette, d'Arsace, de Zerline, de Rosine, de Cendrillon, de Ninetta, d'Aménaïde, de Clari, de Sémiramis. Elle stipulait de plus la fourniture par la Direction de tous les costumes et accessoires, sans exception

Severini qui n'a pas épargné les démarches auprès de l'exigeante artiste écrit le 16 octobre à son associé que « toute cette affaire à l'air d'être traitée entre compère et compagnon », qu'ils s'entendent « comme larrons en foire » et que, devant une semblable coalition, il a bien fallu « boire la ciguë ». Et Robert, bien malgré lui de moitié dans l'absorption de cette si amère ciguë, fait, en ces termes, écho aux doléances de son collaborateur :

Vous avez bien raison, ils s'entendent tous, mais il faut plier ou être enfoncés. Savez-vous bien que l'autre scélérate, je veux dire la Pasta, s'est engagée pour dix représentations ici, à Bologne, et n'exige pour cela que la modeste somme de 12.000 francs et « l'allogio », et encore est-ce grâce à Rossini que cela s'est arrangé !

Voilà provisoirement, pour les cantatrices; mais les deux directeurs ne manquent pas d'autres préoccupations, soit par rapport aux hommes parmi lesquels ils voudraient bien compter Rubini, soit en ce qui concerne l'orchestre.

Robert, dans le courant de janvier 1830, annonce qu'il vient d'engager David. Il veut que l'on songe aux basses-tailles, il s'appuie sur l'avis indiscutable de Rossini pour recommander Zucchelli, Santini, etc. Si l'on pouvait mettre la main sur Lablache ! Il est pour l'heure à Londres, chez Laporte, mais « il meurt d'envie de venir à Paris ». Robert signale qu'au moment où il écrit, moment de la clôture des théâtres, « tous les artistes affluent à Bologne », — sans doute parce que cette ville est alors la résidence de Rossini. Celui-ci donne des auditions comme les rois donnent des audiences. « Il choisira ce qu'il nous faut », ajoute Robert qui, d'ailleurs, ne perd pas de vue le côté économique de la question. Les engagements complémentaires doivent être faits « à de bons prix », puisque lui et son associé ont déjà « pour 120.000 francs annuels de femmes et de ténors ! »

Robert, nous l'indiquions tout à l'heure, pense aussi, très rationnellement, à l'orchestre. Il voudrait bien l'améliorer. Pour cela, le seul moyen, selon lui, consiste, comme il le dit un peu sommairement, à se débarrasser du chef actuel, Grasset. Mais par qui le remplacer ? Par un Italien ? Sur ce point comme sur les autres, il allègue son éternelle autorité, Rossini. Celui-ci « est d'avis qu'un chef d'orchestre que nous ferions venir d'Italie pour six mois nous coûterait trop cher et aurait peut-être bien de la peine à faire marcher un orchestre composé de nationaux ; il vaut mieux, ne faisant

SALLE FAVART
Devantures des troisièmes loges
Composées et dessinées par HITTORFF *et* LE COINTE.

le théâtre que pendant six mois, avoir un bon chef d'orchestre français : Carafa lui a beaucoup vanté Barbereau qui a été en Italie. Voyez ce qu'il en est. »

Anticipons un peu sur les dates pour grouper ici tout ce qui, dans cette période, touche à la question instrumentale. Revenant sans doute sur sa première impression relative aux musiciens nationaux mis en contact, et peut-être en conflit, avec un chef étranger, Robert, un peu plus tard, écrit à Aliani, afin de lui exposer quels sont les appointements du chef d'orchestre aux Italiens de Paris. Pour la saison qui commencera le 1er octobre 1830 et prendra fin avec le mois d'avril 1831, il offre généreusement 3.000 francs. Aliani se borne à répondre que, pour un pareil laps de temps, la somme proposée ne suffirait pas même à couvrir ses dépenses.

Un peu plus tard encore nous rencontrons, toujours au sujet de l'orchestre, un trait curieux, une lettre adressée à Severini par deux collaborateurs, dont l'un est tout naturellement Robert, et dont l'autre n'est ni plus ni moins que Rossini. Il s'agit de remonter tout l'orchestre, notamment les instruments à archets, violons, violoncelles, contrebasses, et les instruments à vent en bois : flûtes, hautbois, bassons. Une phrase, dictée spécialement par Rossini, nous montre que, lui que nous allons voir tout à l'heure paresseux et insouciant, il savait au besoin faire sentir partout l'œil, ou plutôt l'oreille du maître : « Aussitôt mon arrivée, dit il, nous tiendrons un comité secret avec Barbereau et Habeneck pour choisir les musiciens. »

Revenons au chant, et, pour compléter les données que le présent travail permet de réunir sur les émoluments d'artistes en vue à cette date, signalons ce fait que Barbaja, d'après un mot de Robert, se montre prêt à céder Rubini pour six mois *au prix de 50.000 francs.* Pour six mois ! M. Caruso ne s'en contenterait peut-être pas pour six jours. Et les directeurs de cette époque se plaignaient d'être dévalisés par les chanteurs !

Notons en passant, puisqu'il paraît dans les notes de Robert, le nom aujourd'hui bien oublié d'Ambrogi, pour lequel Rossini avait écrit le rôle du podestat dans *la Gazza ladra.* Le nom d'un autre chanteur amène sous la plume de Robert une constatation d'une certaine importance et sur laquelle, lorsque nous aurons cité le texte, nous nous arrêterons quelque peu : « Quant à Graziani, écrit-il, il faut le garder, car je n'ai rien rencontré de supportable pour Paris dans son emploi dans lequel au surplus il ne trouverait pas fortune en Italie, car les *Basso-comico* ou *caricato* s'y jouent d'une façon si différente qu'on l'y trouverait détestable et il n'y ferait pas 4 sols. »

Il y a là une remarque des plus judicieuses, et dont apprécieront la justesse ceux qui, en 1889, ont assisté à certaines représentations du *Barbier* données à Paris par la troupe qu'avait amenée M. Sonzogno. C'était, pour bien des gens, une révélation, parce que cette troupe jouait « à l'italienne », surtout en ce qui regarde Basile et Bartholo, c'est-à-dire précisément le genre de *Basso comico* ou *caricato* dont parle Robert. Il est vraisemblable que, sous la Restauration, l'éducation artistique du public français ne permettait guère de goûter un art aussi expressif, exubérant et en dehors. Cela lui eût paru sans doute exagéré, extravagant, en opposition avec les règles de ce goût, à la fois si exigeant et si exigu, et que le neveu de Rameau s'était autrefois déclaré impuissant à définir. Probablement il fallait alors à Paris, pour les rôles excentriques, des interprètes tels que Graziani, plus mesurés, plus contenus, mais qui en Italie eussent, dans le même emploi, — le témoignage de Robert est à cet égard précieux à recueillir — succombé sous l'indifférence générale.

Nous appelions tout à l'heure l'attention sur un texte présentant un Rossini appliqué, scrupuleux, attentif à ce qui peut assurer, jusque dans les détails, une exécution soignée. Voici, toujours dans la correspondance de Robert, la contre-partie, le Rossini insouciant, indolent, amateur de facéties et surtout de *farniente*, que le Tout-Paris de notre enfance a connu et goûté pour sa finesse de ton et d'allure et son inoffensive malice. Signalons particulièrement ces lignes :

Il n'y a pas, dit Robert, possibilité de fixer un moment de suite l'attention de Rossini avec qui il est bien autrement plus difficile de parler affaire ici qu'à Paris, car il est dissipé et livré à la blague avec ces maudits flâneurs bolonais que le diable emporte. Ils l'assiègent chez lui depuis midi qu'il se réveille jusqu'à une heure du matin qu'il se couche et quand je sors avec lui, espérant le tenir, il en sort de derrière chaque colonne des portiques, et une fois qu'il s'est mis à bavarder avec eux, je n'en puis plus rien tirer.

Notons encore, en passant, une lettre de Robert à Mme Lalande, lettre relative à l'ouvrage dans lequel elle devra débuter. Il désire que ce soit dans *Semiramide*, et, pour la déterminer, non content de s'appuyer sur l'autorité de Rossini, il lui affirme qu'il est beaucoup plus avantageux pour l'interprète de faire sa première apparition dans un ouvrage déjà connu « parce qu'alors, dit-il, l'attention du public n'étant pas distraite par une musique nouvelle se porte tout entière sur l'acteur et laisse mieux apprécier son talent ». Cela peut évidemment se soutenir; mais si l'arrière-pensée de Robert avait été différente, on devine quels arguments non moins topiques il n'aurait pas manqué de trouver pour soutenir la thèse contraire : celle du talent nouveau ne pouvant se manifester librement et tout entier que dans une création.

L'idée véritable de Robert en indiquant *Semiramide* à Mme Lalande se révèle à nous grâce à une lettre adressée à Severini; la distribution de *Semiramide* étant, dans sa tête, tout arrêtée, il était sûr ainsi d'éviter que Mme Lalande choisit un opéra où David serait nécessaire : « Cela mettrait en avant toutes nos richesses à la fois, et cela ne nous convient pas. »

. Nous arrivons au terme du long séjour de Robert dans la péninsule. Jusqu'au bout il demeure aussi actif, aussi peu ménager de ses efforts, de ses voyages en zigzags, de province en province, de ville en ville, aussi peu économe également de ses lettres, où tout, certes, n'est pas à citer, mais où tout, cependant, révèle l'homme laborieux, actif, entendu, ne perdant jamais de vue aucun des mille détails de son exploitation si compliquée. S'agit-il de la question des basses-tailles, il répète ce qu'il a déjà dit à propos de Graziani, qui n'a rien de mieux à faire que de rester à Paris, parce que c'est là seulement et peut-être aussi à Londres qu'il a chance de réussir; mais il maintient que sa manière discrète et trop peu « extériorisée » lui ferme l'Italie. Si Santini ne peut accorder que quatre mois, eh bien, pour le surplus de la saison, on s'arrangera avec Pellegrini. Il a bien soin de spécifier que ce doit être « à un prix modique »; mais, en somme, c'est à Paris que ces éléments-là se trouvent. Il ajoute, en son langage coloré : « Quant au reste du deuxième *bataclan*, j'ai engagé une donna excellentissime et un deuxième ténor. » Cet homme actif semble avoir le don d'ubiquité, car à peine a-t-il averti Severini de lui écrire à Grenoble où il a fait une pointe, que nous le voyons partir pour Turin où il va entendre un chanteur.

Enfin il touche au succès en ce qui concerne Rubini auquel, comme on l'a vu précédemment, il pensait depuis si longtemps. Il avait été antérieurement question d'une combinaison avec Londres; Rubini — ce qui eût allégé les frais — aurait été, pour la saison londonienne, à Laporte, directeur de Covent-Garden. Notons en passant que ces relations ou échanges presque constants avec Laporte, et qui auraient dû, puisqu'il s'agissait des mêmes éléments, être avantageux pour l'un et pour l'autre, ne bénéficiaient jamais, en définitive, qu'à Robert, à cause de l'incapacité et du désordre de Laporte. Finalement, ce fut un autre arrangement que, grâce à l'entremise d'un impresario milanais, Robert put proposer à Rubini, à qui il écrivit à Vienne pour lui offrir un engagement d'un, deux ou trois ans. Le bon Robert ne peut s'empêcher d'exulter en songeant à l'heureux résultat de son long effort. Il écrit à Severini :

Je suis enchanté d'avoir Lablache; jamais on n'aura vu pareille troupe. David fait des merveilles à Ancône. Un succès fou; faites trompetter les journaux. Mon petit ténor Paganini vient d'arriver ici et part demain pour Paris. C'est une trouvaille.

En tournant le dos aux Alpes, Robert, indépendamment des engagements qui le réjouissaient, emportait encore dans son portefeuille quelque chose de précieux : une lettre adressée par Rossini au vicomte de La Rochefoucauld. Elle commençait ainsi :

Je ne veux pas laisser partir Robert sans me rappeler à votre bon souvenir et m'informer de vos nouvelles. Ses affaires théâtrales l'ont retenu ici bien plus longtemps qu'il ne comptait, mais il n'a pas dû partir avant de les avoir terminées. Il a formé une excellente troupe; il vous fera entendre des talents nouveaux pour Paris et j'espère qu'il réussira.

Nous appelons l'attention de nos lecteurs sur le paragraphe suivant qui montre que Rossini — après *Guillaume* — n'avait nullement, comme on l'a maintes fois avancé, renoncé à écrire pour le théâtre; de plus, il confirme une assertion de Blaze de Bury relative à la négligence qu'avaient si malheureusement mise les Bureaux à pourvoir Rossini du premier des

ROSSINI PORTANT TROIS PERSONNAGES DE SES PIÈCES

poèmes qu'ils lui avaient promis. Pensionné par l'État, il s'était engagé à
livrer tous les deux ans un opéra (convention à laquelle la Révolution de
juillet mit un terme). Le génie est capricieux. Rossini qui, plus tard, s'est
volontairement stérilisé, aurait peut-être à cette date, si on ne lui eût manqué
de parole pour la fourniture du livret, repris la plume où l'encre de *Guillaume* était à peine séchée. La nonchalance administrative a peut-être privé
la postérité d'un chef-d'œuvre! Rossini donc, poursuivant sa lettre, écrivait
au vicomte :

> J'en suis toujours à recevoir mon poème que j'attends depuis neuf mois passés que
> j'ai quitté Paris. J'aurais surtout voulu profiter des beaux jours du printemps et de mon
> séjour à la campagne où je suis installé depuis peu pour pousser vivement mon opéra, car je
> voudrais par mon travail et mon zèle vous prouver le désir que j'ai de vous plaire.

Après un long voyage circulaire en Italie, Robert est enfin fixé à Paris
où d'ailleurs son activité sur place égale celle qu'il déployait sur les routes.
Visiblement, il tient avant tout à ne point perdre le contact avec Rossini. Dès
le 4 juin, il lui écrit. Résumons sa lettre, avec un court extrait, sur un des
points traités, du texte lui-même :

Il lui annonce qu'il a réalisé toute sa fortune en portefeuille, qu'il a
confié Paganini, qui en fait ne chanta jamais, à Garcia; que celui-ci va per-
fectionner son éducation musicale au prix de 200 francs par mois et qu'il
espère voir débuter le jeune ténor dans *Otello* à l'ouverture de la saison. Il
est épouvanté d'apprendre que Lalande fait fiasco à Londres. Il songe à trouver quelqu'un de solide pour soutenir le fardeau des prime donne avec la
Malibran, et il croit devoir en finir avec la Tadolini pour 5.500 francs. « J'ai
remis votre lettre à Habeneck, ajoute-t-il. Il a pris tellement feu qu'il m'a
proposé de prime abord de conduire lui-même l'orchestre. Sa position à
l'Opéra est fausse et lui déplaît. Sa pension est réglée à 4.000 francs; mais le
fâcheux c'est qu'il ne pourra en jouir que lorsque l'Opéra n'aura plus besoin
de ses services. Je vous tiendrai au courant des démarches qu'il va faire et
de l'issue de cette affaire. » Il a rendez-vous avec Habeneck le lendemain et
il est heureux de savoir que l'éminent chef pourra composer un orchestre
excellent sans tirer aucun artiste de l'Académie Royale de Musique. Enfin il
annonce qu'il a conclu avec Rœckel, directeur du théâtre allemand, qui lui

fournira pour les chœurs quatorze hommes, six femmes et quatre jeunes garçons.

Le même jour Robert écrit à Mme Lalande. Il la dissuade de vouloir débuter dans *l'Ultimo Giorno di Pompei*, opéra inconnu à Paris et dont la musique avait, semble-t-il, dû être en partie refaite par Pacini qui tardait à la livrer, et il lui conseille à nouveau de s'en tenir à *Semiramide*, rôle dans lequel elle est sans égale et par lequel elle s'est fait tant de renommée en Italie. Robert, on le sait, diplomate et habile flatteur, excellait à faire vibrer, à son profit, chez les chanteurs et chanteuses, la corde sensible de la vanité.

L'exploitation des Italiens par Robert et Severini, commencée au lendemain de la Révolution de 1830, fut d'abord assez pénible. Le précédent directeur des Italiens, Laurent, avait mis la plus mauvaise grâce à céder la place à ses successeurs et leur avait suscité chaque jour des difficultés nouvelles. Excédé par des vexations sans nombre, Robert avait même pris le parti, la saison précédente, d'envoyer ses doléances au comte de La Bouillerie et au vicomte de La Rochefoucauld. Il avait rappelé que l'article 8 de son traité avec la Maison du Roi spécifiait qu'il aurait la jouissance gratuite des décorations, costumes, accessoires, instruments, livres et partitions propres au service du Théâtre Royal Italien. Si M. Laurent emportait les costumes en versant leur remboursement, il faudrait en faire confectionner d'autres. Si au contraire les anciens costumes étaient rendus, il faudrait que cela fût le plus tôt possible et la remise des partitions devrait être accomplie le 1er septembre, encore que M. Laurent eût le droit d'user du théâtre jusqu'au 30 septembre.

L'affaire s'arrangea, et l'on put ouvrir le 2 octobre, comme il avait été prévu, avec *l'Ultimo Giorno di Pompei*. Puis vinrent les sensationnels débuts de Lablache. Disons en passant que l'été avait été rempli par les représentations musicales allemandes dont il a été question ci-dessus, puis par celles d'une troupe italienne de tragédie et de comédie.

En 1831, le succès matériel se dessina avec plus de franchise ; la situation s'améliora beaucoup. Les nouveaux directeurs restaient en relations d'affaires avec Laporte qui avait consenti à faire échange d'artistes et à prendre les chefs d'emploi pendant la saison anglaise. C'est dans ces conditions que, le 12 février 1831, ce Laporte écrit à Severini pour lui donner des nouvelles de l'effet produit par Mme Vespermann. Un gros rhume a nui au

9

succès de l'artiste. Elle a cependant une facilité extraordinaire ; les journaux en ont fait un grand éloge ; elle donne jusqu'au *fa* avec une pureté rare ; mais elle n'est point jolie ; c'est un défaut que les jeunes gens ne pardonnent pas. « Quand on pense, dit-il, que la Pasta n'a pas réussi à son premier voyage, et qu'une autre fois la Brambilla a fait courir, on peut juger le public de ce théâtre-ci. »

Nous avons eu à noter, chez Laporte, le manque d'ordre et de certaines autres capacités essentielles ; mais il faut convenir aussi que les inexplicables caprices du goût londonien si différent du goût de Paris constituaient une difficulté supplémentaire du genre le plus déconcertant. Il offre de prendre la Lalande en mars et de donner la Vespermann qui « en bonne santé et dans un plus petit théâtre doit faire fureur. David a répété et fait *fanatisme;* on compte sur un gros triomphe. Croyez-moi, ajoute-t-il en terminant, ainsi que l'ami Robert et M. Rossini, votre tout dévoué. »

La correspondance avec Laporte n'a pas toujours ce ton amical jusqu'à la familiarité. Avec lui, les échanges se compliquent souvent. Severini voudrait que pour certains ouvrages montés à Londres, le directeur du théâtre anglais fournît les costumes et la musique ; or, Laporte se dérobe, sous prétexte que les propriétaires de son théâtre ont le droit de lui racheter les costumes. De là des lettres aigres-douces, fort différentes par le style de celle que nous venons d'analyser.

Severini, qui voulait réussir, se montrait administrateur sévère et caissier prudent. Les amendes pleuvaient sur les musiciens de l'orchestre. Nous relevons un état où figurent les « condamnations » suivantes : A la représentation de *Zelmira,* du 3 février, Chevillard parti au 2e final (1 jour d'appointements); idem, Thibault, absent (2 jours d'appointements). Le 5 février, *Semiramide,* Manéra arrivé au commencement de l'ouverture (1 jour d'appointements). Le 11, répétition de *Don Giovanni,* Giorgio arrivé pendant l'ouverture (1 jour d'appointements). Le 28, répétition de *Fausto,* Manéra,— encore lui ! — absent (2 jours d'appointements) ; Suiger, absent (2 jours idem) ; Piaoux, absent (2 jours idem).

Quant à Robert, toujours prêt à boucler sa malle, nous le voyons au mois de mai 1831 se rendre pour y chercher des virtuoses en Allemagne, puis en Russie où il reçoit une lettre dans laquelle le comte Camille Guitté

annonce qu'il a réussi l'engagement de Nicolini pour Paris, au prix de
6.000 francs.

Au début de l'année 1831, le *Faust* de Mlle Bertin avait à peine obtenu
un succès d'estime. Mais l'*Anna Bolena* de Donizetti et surtout *la Sonnambula*
de Bellini excitèrent l'enthousiasme du public.

L'année 1832 allait présenter des complications particulières. Le choléra
(il va en être question un peu plus bas), les émeutes, devaient rendre la vie
théâtrale fort difficile.

Sans autre ordre que le lien chronologique, nous résumerons ce que
la correspondance de Robert et de Severini fournit, à cette date, sur leurs
faits et gestes.

Dans le courant de février Robert reçoit une lettre de Jean-Baptiste
Bordèse, un des compositeurs du San Carlo de Naples. On lui annonce que
ce théâtre passera probablement aux mains d'une société anonyme composée
de deux négociants, de Bordèse et de Barbaja. Bordèse se met à la disposition des directeurs des Italiens. Après le succès du *Pirate* de Bellini
(4 février) le choléra affole Paris ; on déserte les théâtres pendant des mois.
Or, Robert s'est fait céder, par M. Mason de Londres, Giulia Grisi engagée
en même temps que sa sœur Judith qui ne fit à Paris qu'une courte apparition, et il reçoit de Balochino de Milan une réclamation concernant les
honoraires qui lui sont dus par la chanteuse, en dépit de la cession directe
qui fut faite, et cela grâce à des contrats antérieurs.

En juillet, Robert et Severini sont à Grenoble où les ont appelés des
affaires d'intérêt. Robert écrit à son frère Joseph, demeuré à Paris, que leur
cousin Réal a fort bien administré leur avoir, car lorsqu'il ne croyait
récolter qu'une vingtaine de mille francs, il se trouve à la tête de 60.000 francs
liquides. Il va réaliser, pour débarrasser le cousin d'une gestion fatigante.
Ils songent, lui et Severini, à partir en diligence pour Marseille par Gap,
Sisteron et Aix.

Le 4 août, Marietta Albini, la chanteuse, écrit de Milan à Severini pour
lui dire qu'elle a assez de l'Italie et de tout le reste, que venir à Paris
comblerait ses désirs ; « son cœur et son amour-propre, tout enfin l'invite à
se tourner vers la France ». Elle le prie de s'informer auprès de la Colbran
(Mme Rossini), de Sampieri, de Donzelli et Zucchelli.

Dès le début du choléra, Rossini s'était réfugié dans les Pyrénées. La décroissance du fléau ne le décidait pas à venir, malgré les sollicitations de Robert qui, le 12 septembre, lui écrivait :

Ce choléra qui vous effraye tant n'est plus rien; voilà toute une semaine où il n'y a que deux ou trois décès par jour dans les hôpitaux, car pour ce qui est des morts à domicile, quand les médecins ne savent plus que faire à leurs malades et qu'ils meurent, ils disent que c'est le choléra. Le choléra est devenu une maladie indigène comme toutes les autres maladies. On en connaît maintenant le traitement et certainement il n'y a pas de ville où l'on coure moins de dang-r à présent que Paris. Lâchez donc votre *Crésus* (Aguado) et revenez à vos modestes amis. Si les bulletins du choléra n'étaient pas un moyen d'occuper l'attention publique et de la distraire de la politique, nos ministres, si forts ébranlés sur leurs porte-feuilles chancelants, auraient renoncé depuis longtemps à ce petit moyen qui ruine le commerce, l'industrie et surtout les entreprises théâtrales en empêchant les étrangers de venir à Paris.

Le maestro se montrait insensible à ces raisons ainsi qu'à d'autres arguments d'ordre anacréontique auxquels Robert, qui connaissait la psychologie du personnage, ne croyait pas inutile de recourir.

Le 16 septembre, nouvelle lettre de Robert à Rossini :

CHER MAESTRO,

Nous voici dans un bel embarras. Séguin nous fait savoir par sa fille qui est à Paris qu'il y a quelque doute que Tamburini puisse venir en raison d'une lettre que lui a écrité Barbaja qui le somme de ne partir qu'après avoir reçu son argent de Mason, ce qui est un peu difficile en ce moment, mais que lui, Séguin, fera l'impossible pour que l'affaire s'arrange... Nous voici au 15 et nous ouvrons le 2 octobre et que faire sans Tamburini? Par quelle pièce débuter? Tout notre répertoire est culbuté par l'absence de Tamburini et de sa femme.

Il ajoute que Severini va aller à Londres, qu'il forcera bien Mason, directeur de Drury-Lane, s'il n'a pas levé le pied, à payer Tamburini ou à verser le dédit de 40.000 francs stipulé dans l'engagement de cession de Tamburini et de la Grisi.

Séguin, l'administrateur de Mason, qui est en correspondance avec Robert et Severini, donne l'espoir que l'affaire Tamburini s'arrangera. Néanmoins, Severini part pour Londres et s'y installe. Séparés, les deux associés ne cessent de s'écrire. Dans une lettre du 19 septembre, où, comme on le verra, il est question de Rossini et de son « vestiaire », Robert parle de l'engagement de Banderali et annonce que Rossini, toujours accompagné d'Aguado, vient

GIULIA ET JUDITH GRISI DANS « I CAPULETI »

d'arriver à Toulouse. Le 20 septembre, autre lettre de Robert annonçant l'engagement d'une Mlle Raynet qui a chanté en Italie, en Russie, à Londres sous le nom de Feliani et celui de la Tadolini. Santini et Graziani ne sont pas encore arrivés; or, il serait temps de commencer les répétitions.... « J'ai reçu, ajoute-t-il, une lettre de Rossini du 10 septembre, de Bagnères, qui m'a été envoyée par le gouverneur du fils d'Aguado, qu'il vient d'amener à Versailles pour l'école militaire. Rossini me demande de lui envoyer les pantalons et gilets venus de Londres et dit qu'il reviendra dès que le choléra aura entièrement cessé ».

Le 20, il n'a toujours pas de nouvelles de Santini et de Graziani, « ce dont il enrage ». La Feliani a accepté de chanter le rôle du page dans *Matilde di Shabran*, contre un dédommagement honnête. « Avec un cadeau nous nous en tirerons. »

Les journaux ont annoncé l'arrivée de Rossini et d'Aguado à Toulouse et disent que les deux amis seront bientôt à Paris. Tant mieux, car les répétitions devront être poursuivies en hâte.

Cependant le séjour de Severini à Londres a porté ses fruits : il a arrangé l'affaire Tamburini; mais Mason retarde toujours le départ de ce chanteur et de la Grisi, de sorte que Severini est obligé d'avouer par écrit que l'arrivée à Paris des deux artistes sera retardée jusqu'au 27 septembre. Et Mason d'écrire à Robert :

Je vous prie de payer à M. Tamburini pour mon compte la somme de mille francs par mois pendant les mois d'octobre, novembre, décembre 1832, janvier, février et mars 1833, en sus de la somme de quatre mille francs que vous devez lui payer pour mon compte en conséquence du traité signé entre nous le 22 mai 1832.

Je vous prie, en outre, de lui fournir un logement à Paris pour mon compte et de le rembourser des frais de voyage de Londres à Paris, vous allouant, à cet effet, jusqu'à la somme de deux mille francs. Vous voudrez également fournir un logement à Paris à Mlle Grisi et la rembourser des frais de voyage de Londres à Paris, vous allouant pour ces objets jusqu'à la somme de deux mille francs.

Vous vous rembourserez de la somme de huit mille francs que je vous ai prié de payer pour mon compte à M. Tamburini et de celle des deux mille francs à payer pour Mlle Grisi sur les recettes des bénéfices qui seront donnés au nom des dits artistes sur le théâtre de Paris, conformément audit traité du 22 mai 1832. Dans le cas où ces recettes ne suffiraient pas pour vous rembourser de vos déboursés pour les titres sus-annoncés, je m'engage à vous tenir compte de la différence.

Londres, ce 22 septembre 1832.   Thomas Mouck Mason.

Les choses ainsi arrangées, Tamburini débute le 6 octobre dans le rôle de Dandini de *la Cenerentola* avec un succès foudroyant, et, le 13 octobre, dans *Semiramide*, Giulia Grisi se fait acclamer par une salle en délire.

Entre Laporte et Robert les combinaisons continuent ; mais tandis que les Italiens de Paris sont lancés dans la voie du triomphe, ceux de Londres, dirigés par Laporte, ont besoin d'être alimentés par des sujets nouveaux. Le directeur de Covent-Garden écrit donc à Severini qu'il compte sur lui pour obtenir des artistes importants pendant « les deux terribles mois de février et de mars ». Il le prie d'écrire de nouveau à la Malibran pour l'amener à une entente, car Drury-Lane fait tout son possible pour contrecarrer ses projets. « La Malibran, surtout pour Coven-Garden, est pour moi d'un prix infini », dit-il, et il demande que Rossini veuille bien agir en sa faveur auprès de la grande cantatrice. Dans le texte, aussi bien qu'entre les lignes, on voit ici apparaître un épisode de la lutte, éternelle semble-t-il, entre Drury-Lane et Covent-Garden.

Une autre lutte, non moins sempiternelle, c'est celle des théâtres de Paris avec l'Assistance publique. Nous trouvons sur notre chemin un fait qui s'y rapporte.

Dans le cours de la saison 1832-33, Robert avait organisé des concerts qui donnèrent lieu à des réclamations de la part des membres du Conseil général des hospices de la Ville de Paris. Ces messieurs estimaient que les Italiens devaient un supplément à la Caisse des indigents. D'où lettre de Robert se défendant contre de telles prétentions. Il paie 2.250 francs par mois pour toutes les soirées qu'il a le droit de donner sur le Théâtre-Italien. L'article 7 de son traité porte ce qui suit : « Il (l'entrepreneur) aura la faculté de donner dans la salle du Théâtre-Italien quatre concerts en tout autre temps que celui de la semaine sainte et à d'autres jours qu'à ceux des représentations de l'Académie Royale de Musique. » Donc, peu importe que les soirées aient le titre de concert ou de représentation. Se rendant à ces raisons, les membres du Conseil général des hospices n'insistent pas. Le 10 janvier 1833, le succès d'*i Capuleti e i Montecchi*, au dernier acte duquel est substitué, à partir du 5 février, celui de l'opéra de Vaccai, ajoute à la gloire de Bellini et assure une jolie fin de saison.

La suivante (1833-1834) est préparée avec soin ; on fait de nouveaux

engagements que l'on annonce à grand renfort de réclame, et, le soir de la
réouverture, Ivanoff, chantéur russe, et Mlle Schultz, chanteuse suédoise,
débutent aux Italiens. Quelques jours plus tard, c'est Mlle Ungher qui se
révèle dans le rôle d'Imogène du *Pirate*.

N'est-il pas vraiment curieux (le théâtre qui nous occupe a souvent donné
lieu à des réflexions de ce genre) de voir, devant un public « français » et
« italien », chanter un Russe, une Scandinave et une Autrichienne (Mlle Ungher
étant viennoise)? A dater surtout d'un certain moment, le Théâtre-Italien,
soit à Paris, soit en d'autres lieux, a été fréquemment ainsi une sorte de
« cosmopolis » en réduction.

Par une des lettres de Robert, durant son séjour en Italie, nous avons
constaté l'importance qu'avait dès lors prise Lablache. Un document analogue
va nous indiquer mieux encore quel prix l'on attachait à la possession de ce
grand chanteur. En effet, en ce même mois d'octobre, Robert et Laporte
échangent, sur papier timbré, une convention touchant la cession de Lablache
pour deux périodes de quatre mois, du 5 avril 1835 au 31 août de la même
année, et du 5 avril 1836 au 31 août également. Laporte s'oblige à payer à
Robert pour chacune de ces périodes 40.000 francs, soit 10.000 francs avant
le départ de l'artiste et le reste en quatre paiements égaux et mensuels.
Comme Laporte est débiteur de Lablache, il est consigné dans le traité que
ledit Laporte versera en plus cinq mille francs fin mars et six mille francs
fin mai pour éteindre sa dette.

Vers la même date, la correspondance que nous suivons pas à pas
(puisque c'est la raison d'être même de cette partie de notre travail) nous
présente des sollicitations de nature bien différente. La première demande
émane d'une cantatrice, la Lorenzani qui, vu le licenciement par suite de
la mort du roi, de la troupe italienne de Madrid où elle était engagée,
désirerait entrer aux Italiens de Paris. La réponse de Robert paraît, de sa
part, témoigner d'une certaine tiédeur, car il lui dit que l'on pourra s'entendre pour un traité si elle est libre l'année suivante.

La seconde des deux requêtes est, nous l'avons dit, d'une tout autre
espèce. Un nommé Giorgio di Roma, compositeur, fait appel à sa charité. Il
lui écrit : « Je viens de mettre en loterie (4 sous le billet) un charmant
tableau peint par M. Renoux et représentant l'intérieur du Théâtre Royal de

S. Carlo à Naples, pris au moment du grand bal paré et masqué donné en l'honneur de Sir Walter Scott. Le produit de cette petite loterie servira à soulager un artiste qui se trouve dans une position des plus affligeantes. Plusieurs membres de la famille royale et grand nombre de personnes de distinction y ont déjà souscrit. La *Gazette des Tribunaux* fera connaître leurs noms. »

Nous citons ce texte parce qu'il évoque incidemment un épisode se rattachant à la biographie d'un littérateur dont le prestige était alors considérable. Il s'agit du voyage que Walter Scott, fatigué et vieilli, faisait, pour se

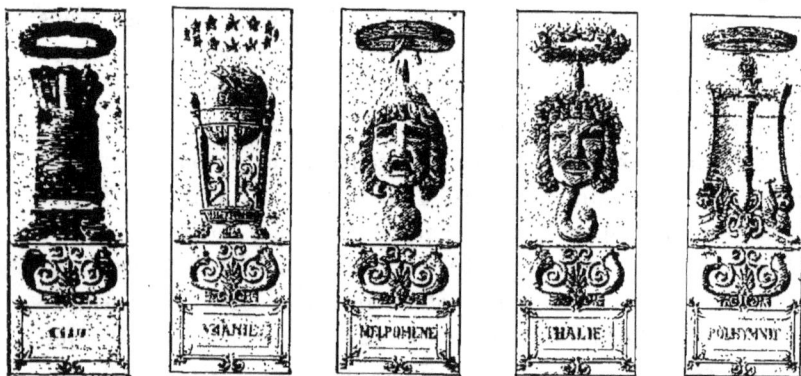

SALLE FAVART

Devantures des premières loges et du balcon

Composées et dessinées par HITTORFF *et* LE COINTE.

reposer, à bord d'un vaisseau de l'État que le roi d'Angleterre avait mis à sa disposition. C'est à cette occasion que Lamartine lui adressa une épître enthousiaste où figurait ce vers :

> Vénérable vieillard, poursuis ton long voyage!

Au sujet de la convention Lablache, nous avons vu Laporte accepter les conditions imposées. C'était rarement dans ses goûts, plus rarement encore dans ses moyens. À la fin de la même année, nous le trouvons encore aux prises avec des embarras pécuniaires croissants. Il demande à Severini, en date du 5 novembre, de lui prêter cent mille francs de valeurs. Il prétend que le chanteur de Begnis, qui n'a pas oublié son ancienne interprétation

10

du rôle de la Calumnia, a répandu de tels bruits contre lui qu'il a failli
« sauter ». Mais maintenant sa situation s'affermit et il n'y a rien à craindre,
Severini hésite et, le 21 décembre, Laporte insiste. Il a le théâtre du Roi, il
présente des sûretés, il a des sécurités, et si on l'aide un peu sous le rapport
des artistes, il sera sauvé.

Severini fait la sourde oreille, et l'année suivante, après déjà pas mal de
mois écoulés, nous voyons Laporte revenir à la charge auprès de l'hypothé-
tique « bailleur de fonds » dont le silence le désespère :

« Je ne vous ai pas caché ma position, avoue-t-il ; elle est fort embar-
rassée et tout le succès de la Grisi ne peut me faire espérer de réparer en
une seule année les malheurs d'une autre année désastreuse. » Il lui propose
une association en règle pour les cinq années de bail restant à courir, à partage égal, moyennant que Severini fournira la caution de 11.000 livres pour
le loyer et une somme égale comme avance de fonds. Et il termine ainsi :

« Je vous paraîtrais gascon si j'énumérais la fortune qui attend celui
qui pourra se représenter dans l'Opéra de Londres avec un nom respectable,
l'influence (frivole mais qui fait effet) du théâtre de Paris où l'on croit Rossini
intéressé, et la réputation de ne pouvoir pas manquer d'argent. »

Nous avons vu tout à l'heure Robert, sollicité par la Lorenzani, recourir
au procédé dilatoire. Dans d'autres cas, en présence d'interventions de personnalités officielles, il ne devait pas se trouver aussi à l'aise pour répondre
d'une manière ou négative ou dubitative. Par exemple, Mᵐᵉ Nasi écrit pour
s'offrir, de Metz où elle participait probablement à quelque tournée de théâtre
ou de concerts. Vraisemblablement, Robert n'était pas plus pressé pour elle
que pour la précédente. Mais l'attitude simplement expectante était plus
difficile à garder envers une personne qui, chaudement recommandée par le
vice-roi de Sicile à la Cour royale de Naples, était, par cette Cour, recommandée, avec une chaleur égale, à la bienveillante reine des Français, napo-
litaine elle-même, comme on s'en souvient.

Somme toute, Robert était assez bon marin pour conduire correctement sa
barque et louvoyer habilement entre de nombreux écueils. Parallèlement
à son adresse directoriale, nous avons indiqué d'un mot sa réelle aptitude
mondaine, faite de tact et de savoir-vivre. On l'invite, il accepte et sait faire
bonne figure. Il est de tous les grands dîners. Le marquis et la marquise de

Ferrari lui ouvrent leurs soirées musicales. L'adroit et insinuant personnage ne dissimule pas sa joie. Son zèle professionnel, cependant, ne souffrira pas de son goût pour les salons. Du côté de son théâtre, du reste, il n'a aussi, pour le moment, que des satisfactions. Les ouvrages de Bellini et de Donizetti attirent la clientèle aristocratique. Le public est brillant, non moins brillantes sont les recettes.

Robert et Severini profitèrent des vacances de l'année 1834 pour aller en Italie retrouver Rossini, envers qui leur attachement n'était sans doute pas absolument désintéressé. Les deux associés laissaient à Paris Robert aîné, chargé en particulier de suivre l'affaire du nouveau bail soumis à la ratification du Ministre. Assez apathique de son naturel, Robert aîné tarde à rendre compte de l'état de cette négociation. Sur quoi Robert jeune se met carrément en colère. Cette fois, l'autre se décide à écrire sur un ton non moins vif. Bref, le 14 juillet, Robert cadet, qui paraît n'avoir dans les capacités fraternelles qu'une confiance limitée, prie son aîné de surseoir, jusqu'à son retour, pour la conclusion du nouveau bail.

Le 19 juillet, Robert, sur le point de partir avec Severini pour Venise, toujours en quête d'œuvres nouvelles et de recrues, annonce à son frère qu'il reviendra vers le 25 août à Paris, avec son fidèle associé... et Rossini. C'est à Milan qu'ils doivent opérer leur jonction avec le *maestro* qui avait été un peu souffrant, mais à qui un séjour à la campagne avait promptement rendu toutes ses forces. Au moment même où il achève de se rétablir, le bruit de sa maladie court à Paris, et il se trouve, comme toujours, des gens pour exagérer, en la propageant, la mauvaise nouvelle.

« Rossini est fort bien portant, écrit Robert, et donnera nécessairement par sa présence à Paris un démenti formel aux bonnes âmes qui le tuent avec tant d'assurance et de facilité ! On m'a dit que V...(?) était le grand propagateur de cette belle nouvelle. Est-ce pour se consoler de son fiasco parlementaire ? »

Les trois compagnons opèrent effectivement leur rentrée à Paris, et, tout d'abord, une lettre à Robert aîné, autorisé à prendre à son tour un congé et parti pour Bordeaux, nous apprend la terminaison de l'affaire du fameux bail restée, comme on l'a vu, en suspens. Le surplus de la lettre contient d'autres détails intéressants.

Le fameux traité est enfin signé. Je l'ai trouvé signé par Thiers à mon arrivée et après l'avoir lu attentivement avec Severini et reconnu que les changements dont tu m'avais parlé n'étaient pas désavantageux, je l'ai aussi signé et c'est une affaire faite. Me voilà en pied et tranquille pour six ans à partir d'à présent, c'est-à-dire jusqu'en 1840.

La location va admirablement; il n'y aura pas de loges pour tout le monde. Nous avons supprimé les abonnements par quarts et par sixièmes comme trop embrouillants. Tous les anciens abonnés ont gardé leur loge et commencent le 1er octobre, et il y a une ribambelle de noms qui attendent le 15 septembre pour s'emparer des loges que laisseront les anciens abonnés. Tu sais que nous avons engagé deux premières femmes nouvelles, la Fink-Laur qui devait chanter à Londres dans *Semiramide*, 1re soprano, et la Brambilla, 1re contralto, deux jeunes et jolies femmes qui ont beaucoup de talent. La troupe sera formidable.

Le 13 septembre, nouvelle lettre au frère aîné à qui il conseille de s'arrêter au Mans pour rendre visite à M. Frédéric Bourdon-Durocher, son ancien camarade aux Vélites de la Vieille Garde, retiré de l'armée après la campagne de Moscou, alors qu'il était officier de chasseurs à cheval. Robert jeune annonce que les artistes commencent à arriver. Tamburini est à Paris, Lablache est annoncé, tout va bien. La saison 1834-35 s'inaugure avec *la Gazza ladra* dans laquelle paraissent Santini, Lablache, Tamburini, Yvanoff, Mlle Grisi et Mme Santini.

Du 5 au 12 octobre, les Italiens encaissent 19.571 fr. 20 d'abonnements; la saison s'annonce comme devant être très belle et très fructueuse lorsque, le 25 novembre, *Ernani*, de Gabussi, fait un complet fiasco. On reprend *Semiramide* le 11 décembre, pour les débuts de la Brambilla, et c'est aussi la reprise... du succès.

Dans ces temps qui, par certains côtés, nous paraissent si lointains, les rapports des théâtres et de la presse n'étaient pas réglés comme ils le sont aujourd'hui. Nous en trouvons la preuve dans la lettre par laquelle Merle, le nouveau rédacteur de *la Mode*, mari, comme on sait, de Mme Dorval, sollicite un service régulier pour les premières. Il ne parle que des « premières », dont les services n'étaient même pas alors, pour ainsi dire « de droit », car Merle, à l'appui de sa thèse, croit devoir argumenter. Il allègue que les abonnés de *la Mode* sont aussi ceux des Italiens (et du reste, bien entendu, de tous les grands théâtres). Il mettra, affirme-t-il, un soin tout particulier à rendre justice au zèle et à l'habileté des directeurs comme au talent des artistes. Tout cela est rendu amusant par une sorte de naïveté qui se marque encore bien plus dans ce qu'on pourrait appeler « l'incident de la harpe » (janvier 1835). Une demoiselle Duché, harpiste remarquable, est engagée, mais Severini n'ose la faire paraitre dans l'orchestre, non point parce qu'elle est « harpe », mais parce qu'elle est femme Il reçoit alors la lettre suivante :

MONSIEUR,

J'ai entendu dire que vous craignez avec raison de faire descendre Mlle Duché dans l'orchestre pour y jouer de la harpe. Mais permettez-moi une observation qui vous a sans doute échappé. Que ne lui donnez-vous pas un costume d'homme avec la permission de sa mère ? Il me semble que c'est le moyen le plus propre à nous procurer une artiste distinguée. D'ailleurs, on en à rarement besoin dans l'orchestre ; c'est plutôt dans les coulisses. Mais le *costume d'homme* parerait à tout, avec une petite perruque artistement faite. Réfléchissez un peu, monsieur, à ce que j'ai l'honneur de vous écrire.

L'un des artistes de l'orchestre italien.

Nous montrions plus haut quels ennuis de détail pouvaient de temps à autre susciter à Robert, très bien armé d'ailleurs pour se défendre, les recommandations des puissants. Bien des artistes, évidemment, au moins parmi les femmes, pour obtenir ce qu'elles voulaient, se fiaient moins à leur talent et à leur réputation qu'aux bienveillances qu'elles croyaient s'acquérir de la part des personnages officiels. Elles sollicitaient des faveurs... peut-être à titre d'échange. Nous le constatons, vers le moment où nous sommes arrivés, par l'histoire de l'affaire de Mlle Schultz. Très lancée dans le monde officiel, dit un document contemporain, Mlle Schultz fait marcher les Bureaux pour obtenir que la direction lui accorde une soirée à bénéfice. Mais Robert se gendarme ; à cette prétention qui lui paraît injustifiée; il oppose le grand nombre de bénéfices qui, par traité, doivent être donnés, et fait comprendre que, selon toute vraisemblance, cela l'entraînera personnellement à des frais importants. Avec une franchise un peu brutale, il ajoute que « pour le peu de services qu'aura rendus Mlle Schultz », les 18.000 francs qu'elle touche pour deux saisons de six mois sont d'assez jolis appointements.

Au milieu de toute cette chicane administrative, le succès ne fléchit pas.

Le 24 janvier 1835, Bellini avait triomphé avec *les Puritains*, et le 12 mars Donizetti, avec *Marino Faliero*, avait obtenu une assez brillante réussite. Au lendemain même de cette première, un gros ennui, d'ordre aussi peu artistique que possible, est suscité à la direction des Italiens. Le préfet de police a prescrit aux pompiers de faire tous les matins l'essai des demi-garnitures. Le résultat de cette manœuvre a été l'inondation du théâtre, du haut en bas. L'eau descendant des colonnes en charge a abîmé les décorations, les ponts du cintre, et en retombant jusque dans les derniers dessous elle a mouillé la machinerie, les cordages, les tambours, les poulies. Pour peu que cette manœuvre soit renouvelée souvent, tout sera bientôt pourri. Robert a cru devoir suspendre cette manœuvre le 13 mars pour n'être pas dans l'impossibilité matérielle de jouer le même soir. Il en prévient le préfet de police en lui faisant observer que cette mesure est d'autant moins nécessaire que son théâtre est le moins exposé de tous, attendu qu'il n'y a jamais de feux d'artifice ni de coups de feu dans ses pièces.

Mais, le 18 mars, les pompiers recommencent à inonder le théâtre. Robert se fâche tout rouge et écrit au Ministre : « Ne pouvant assumer sur moi la responsabilité d'une opération dont le résultat est la ruine de tout l'appareil du théâtre dont le mobilier est à ma charge, je proteste, Monsieur le Ministre, contre l'exécution d'une mesure inusitée jusqu'à ce jour et qui ne m'est point imposée par mon cahier des charges, faisant en outre toutes réserves pour réclamer des dommages-intérêts auxquels me donnerait droit cet empêchement à l'exploitation de mon théâtre. »

Les exercices de pompes cessèrent et trois ans plus tard le théâtre brûlait précisément parce que le feu de l'acte des enfers dans *Don Juan* avait été mal éteint.

Laporte, dont nous avons déjà plusieurs fois parlé, et dont la carrière mal conduite et malheureuse contraste avec la prospérité méritée de ses confrères de Paris, va reparaître devant nous, et tout d'abord indirectement, par une lettre que Ragani, le régisseur des Italiens de Londres, envoie le 20 avril à son ami Severini. La lettre contient, au surplus, d'autres observations intéressantes. En voici le résumé :

Giulia Grisi chantera *les Puritains* à son bénéfice au mois de mai. Le père de Laporte est parti pour Paris avec une mission ; l'objet en est secret mais Ragani croit savoir qu'il va traiter avec Taglioni et quelques autres ballerines. La Fink-Laur devait débuter le 21 avril dans *Semiramide*, mais elle a eu une violente discussion avec le directeur et l'on annonce *la Gazza ladra*. La Pasta a déclaré que la Grisi ne partirait pas sans faire un dépôt de

BELLINI

1.500 francs comme le porte son engagement, mais Ragani croit qu'il s'agit là d'une « farce » utile à Laporte et à la Pasta dont l'amour-propre est satisfait en faisant croire qu'elle est nécessaire et désirée à Londres. A propos de Laporte il dit que tous les habitués du théâtre ne comprennent pas comment les premiers artistes de l'Italie peuvent se laisser engager par un homme qui a des dettes énormes et qui est odieux à tout le monde.

Une sorte de post-scriptum mérite d'être cité, parce qu'il fait revivre quelques secondes tout ce petit monde d'autrefois. On y voit aussi à quel point les directeurs de Paris avaient su se faire apprécier de la généralité des artistes. Il y est dit que la Grisi, Lablache, Tamburini, Rubini, Ivanoff et la Brambilla (quelle liste ! un vrai « Gotha » vocal !) envoient leurs meilleurs souvenirs et désirent vivement revoir Severini.

En mai, Laporte, dont les affaires sont plus embarrassées que jamais, prie Severini de vouloir bien lui permettre d'échelonner sur trois mois les 6.000 francs qu'il doit remettre à Lablache, fin courant. « *Marino Faliero*, dit-il, n'a produit aucun effet ; c'est une très mauvaise affaire que j'ai faite là. *Les Puritains* ont été mieux reçus, mais cependant il faut espérer que leur succès s'augmentera car la première représentation en a été assez froide. »

Ragani écrit le 26 mai à Severini que Giulietta (la Grisi avec qui il est en termes très familiers) ne lui répond pas directement parce qu'elle s'occupe du Festival d'York où, pour cinq jours, elle recevra 500 guinées. Elle donnera quatre concerts, dont deux à Manchester, qui lui rapporteront 300 autres guinées, ce qui fera qu'en quinze jours elle aura touché 21.000 francs et dépensé 3.000 francs au plus.

Le 26 juin, Laporte se plaint de l'esprit de défiance que lui montre Severini. Il se fait papelard, sollicite des arrangements et de nouvelles négociations pour la saison suivante, alors qu'il est à la veille de disparaître sans faire honneur à ses affaires. En effet, le 27, Robert aîné informe son frère qui est en villégiature chez son cousin Réal, déjà nommé, avocat général à Grenoble, que Laporte est en fuite, poursuivi par ses créanciers.

Ce même jour Severini envoie à Robert un passeport visé par tous les ambassadeurs pour se rendre en Italie où il va aller le rejoindre le 6 ou 7 juillet et lui dit avoir versé 4.000 francs à Robert aîné qui va partir en voyage, muni de lettres de recommandation de M. de Lesseps.

RUBINI DANS « I PURITANI »

Robert et Severini s'entouraient de toutes sortes de précautions pour voyager en Italie depuis qu'en 1833, à Naples, ils avaient été arrêtés comme conspirateurs et chassés momentanément du territoire napolitain. Avant de quitter Paris, Robert avait écrit au ministre de la police du royaume de Naples, lui rappelant les désagréments dont il avait été victime et signalant que l'arrêté qui leur avait interdit l'entrée des États napolitains existait encore. Si cette proscription tient à des causes qu'il ignore, il demande à les connaître et à se justifier.

De Bologne, où il se trouve au commencement d'août, Robert écrit à son frère, qui prend des bains à Dieppe, qu'il est immobilisé par un accident survenu la veille (dimanche 6).

En allant dîner à la campagne avec Rossini, Severini et Zoboli, un de leurs amis (de la taille et plus gros que Lablache), une des petites roues s'étant détachée, la voiture a versé. J'étais sur le devant de la calèche avec Zoboli qui est tombé sur moi et m'a presque écrasé sous son énorme poids. Il se croyait mort et pourtant il en a été quitte pour une légère foulure au bras. Quant à moi, je ne m'en suis pas si bien tiré et je me suis cassé le petit os de la clavicule. On m'a rapporté à mon hôtel dans une chaise à porteur; on a envoyé quérir le meilleur chirurgien; j'ai été très bien soigné et pansé. A présent, il ne faut plus que du temps, ce qui me contrarie le plus car il n'y a pas la moindre inquiétude à avoir; je me porte du reste très bien, mais il faudra garder le lit et la chambre au moins vingt jours.

Rossini et Severini n'ont rien. Ils se portent très bien.

Après Dieppe, Robert aîné visita Dresde et Baden-Baden. Son frère, de retour à Paris au commencement de septembre, lui écrit qu'il a retrouvé Severini aux eaux de Lucques, au moment où il partait pour Bologne. Revenus ensemble à Florence, ils comptaient assister aux grandes fêtes pour la célébration de la naissance du fils du Grand-Duc, mais ils se sont heurtés à des cordons sanitaires contre le choléra et il leur a fallu attendre plusieurs jours. En réalité, le choléra n'existait point. A Milan, ils ont engagé deux jeunes élèves du Conservatoire qui offrent de l'avenir. « Les affaires vont très bien, ajoute-t il, il n'y a plus une seule loge à louer, y compris même les quatrièmes. Si la salle était trois fois plus grande, tout serait loué : c'est une véritable frénésie cette année. »

Cette frénésie était bien réelle. Elle entraînait, même chez les employés chargés de la location, une sorte d'affolement, comme paraît le prouver la plainte, fort légitime, d'un « monsieur du balcon », l'abonné, depuis cinq

TAMBURINI DANS « DON JUAN »

ans, de la stalle 18, et que, par suite de quelque confusion due à l'affluence des demandes, l'on avait changé de numéro. Bien que son nom importe peu à la postérité, nous dirons qu'il s'appelait Lafon, et qu'il demeurait rue de l'Ile-Saint-Louis. Ce bourgeois du Marais n'accepte pas l'échange, et déclare, non sans un peu d'emphase, « qu'il aura le regret de ne point assister aux belles représentations annoncées ». Ce n'était là, en somme, pour la direction qu'une infime et insignifiante contrariété causée, en quelque sorte, par l'excès même de la réussite. Cette réussite, d'ailleurs, suivant la règle dont nous avons noté plus haut l'application, n'empêchait pas Robert de savoir, au besoin, insister sur les charges et les côtés désavantageux de son entreprise, comme dans le rapport, bien fait et intéressant, rédigé par lui à l'usage des Bureaux, et que nous croyons devoir donner en entier :

A toutes les époques, y est-il dit, le Gouvernement a su accorder aux grandes entreprises théâtrales une protection qui seule a pu, en France, en assurer le succès. Personne n'ignore la révolution musicale opérée depuis quinze ans parmi nous. Cette heureuse révolution est due à la protection accordée, dès cette époque, à la musique italienne. La Restauration y appliqua des sommes considérables. Une salle fut acquise et restaurée à grands frais. Pour attirer à Paris les compositeurs et les artistes les plus distingués de l'Italie, la liste civile y consacra de larges subventions. Les allocations annuelles accordées à l'exploitation spéciale du Théâtre-Italien dépassèrent plusieurs fois le chiffre de 220.000 francs. Plus tard, au système onéreux de régie suivi par la liste civile on substitua le système d'entreprise aux risques et périls du directeur avec subvention déterminée. M. Laurent exploita à ce titre le Théâtre-Italien de 1827 à 1830, moyennant une subvention de 92.000 francs par an et la jouissance gratuite de la salle Favart, ses magasins et accessoires. Au mois de juin 1829, l'Intendance de la liste civile passa un bail du même genre à M. Edouard Robert pour l'exploitation de ce théâtre, à compter du 1er octobre, pour six années expirant au 5 septembre 1836. La subvention fut réduite par bail à la somme de 70.000 francs. Ce dernier traité, périodiquement soumis depuis cinq années à l'examen des Chambres, a subi les justes investigations des commissions, et, chaque année, la discussion publique du budget a fait ressortir la convenance d'une dépense faite avec mesure et discernement; aussi le vote des Chambres l'a-t-il périodiquement sanctionnée.

Au mois de mai 1834, l'entrepreneur exprima à M. le Ministre de l'Intérieur le désir et le besoin qu'il avait de connaître s'il était dans l'intention du Gouvernement de prolonger son bail à compter de la date de son expiration, 30 septembre 1836. Cette demande faite en mai 1834, deux ans avant le terme du traité en cours d'exécution, ne paraîtra nullement prématurée pour ceux qui connaissent l'organisation de ce théâtre de Paris. Ce théâtre ne peut avoir chance de succès qu'en offrant à un public aussi difficile qu'éclairé la réunion des artistes les plus distingués; or, ces sujets sont rares, fort rares, dès lors très recherchés, non seulement en Italie, mais par tous les théâtres italiens établis dans la plupart des capitales de l'Europe. Aussi les directeurs ne peuvent-ils s'assurer leur concours que par des contrats souscrits longtemps d'avance. Il n'est aucun des artistes en possession actuelle de la faveur publique à Paris qui n'ait des engagements de cette nature, c'est-à-dire contractés deux ou trois années d'avance.

La démarche du directeur auprès de M. le Ministre de l'Intérieur au commencement de la cinquième année de son bail était la conséquence forcée de sa situation ; il lui importait de connaître les dispositions de l'Administration à son égard, afin d'y subordonner les engagements qu'il avait à prendre avec les artistes. En la retardant, il s'exposait à voir ceux-ci prendre à l'étranger des engagements qu'il n'eût plus été au pouvoir ni d'eux ni de lui de rompre plus tard.

Aussi, dans sa demande, le directeur se bornait-il à dire que c'était au ministre à déterminer la durée de la prolongation ; seulement, que pour qu'elle eût quelque efficacité, elle ne pouvait être moindre de deux années à partir du 30 septembre 1836, date de l'expiration du bail en vigueur.

Cette considération devait frapper le ministre.

Une seconde considération était de nature à saisir son attention. Le traité en cours d'exécution était intervenu au mois de juin 1829 : à cette époque, l'Académie Royale de Musique et le Théâtre Royal Italien étaient sous la direction de l'Intendance de la liste civile soumis à des services de réciprocité. Depuis lors, l'Académie Royale de Musique avait été remise à un entrepreneur et cette adjudication avait virtuellement abrogé plusieurs clauses du traité du 29 juin 1829 qu'il était nécessaire de mettre dès lors en harmonie avec le système adopté par le Gouvernement pour l'exploitation de l'Opéra. Le ministre, après s'être entouré de tous les renseignements propres à l'éclairer sur cette demande, prit, le 20 août suivant (trois mois après), un arrêté portant concession en faveur de M. Robert de l'exploitation du Théâtre-Italien jusqu'au 30 septembre 1840. Il y a donc eu concession d'une prolongation de bail pour quatre années. Il importe d'indiquer les principales clauses de ce traité et d'en faire ressortir les différences avec celui du 29 juin 1829. Avant tout, signalons l'attention avec laquelle le ministre a constaté et respecté le droit des Chambres. Le droit des Chambres est dans *l'octroi de la subvention ;* or, le ministre, dans le nouveau traité, prévoit le cas où les *fonds subventionnels* seront supprimés ou réduits et il en fait un cas de résiliation que doit subir l'entrepreneur, sauf les délais et les ménagements commandés par la plus stricte équité.

Remarquons en second lieu que le traité de 1829 n'expirait qu'au 30 décembre 1836, ainsi qu'on l'a déjà dit. Cependant le nouveau traité régit l'exploitation du Théâtre-Italien, à compter du 1er *octobre* 1834, et rétroagit ainsi sur deux exercices précédemment réglés par le traité de 1829. Or, d'une part cette fusion de l'ancien traité dans le nouveau n'a jamais été, dans l'intention des parties contractantes, la résolution complète et absolue de l'ancien traité, de telle sorte que si le second ne pouvait pas recevoir exécution, il aurait au moins l'efficacité de détruire le premier. Non, une pareille interprétation serait contraire à toutes les règles du droit et de la justice. D'où il faut conclure nécessairement que l'entrepreneur, dans tous les cas, ne peut être privé de son exploitation jusqu'à l'expiration du bail de 1829 et dans les conditions primitives de ce bail, ce qui comprend les neuf premiers mois de l'année 1836, dont on discute le budget en ce moment. Cette observation a de l'importance parce que le directeur, s'il ne pouvait continuer son exploitation l'année prochaine, serait *ruiné* par les dommages-intérêts qu'il aurait à supporter envers les artistes avec lesquels il a pris des engagements anciens, sur la foi du traité de 1829. La Chambre, après avoir pendant cinq ans approuvé ce traité, ne consacrera pas cette injustice pour la sixième et dernière année.

Remarquons, d'autre part, que cette fusion de l'ancien traité dans le nouveau a été tout à l'avantage du Trésor, en ce sens que le Trésor a profité, dès le 1er octobre 1834, des réductions et autres charges nouvellement imposées par le ministre à l'entrepreneur dans le dernier traité.

Ces réductions et charges nouvelles, nous allons les résumer :

1o Le traité de 1834 déclare *acquis à l'État* tout le matériel créé par l'entrepreneur depuis le commencement de son exploitation, 1er octobre 1830, ainsi que tout celui qui sera créé dans la suite, jusqu'au 30 septembre 1840.

2o Il soumet l'entrepreneur à l'obligation de faire deux décorations neuves par année; ces décorations suivront le sort du matériel créé par le directeur, c'est-à-dire qu'elles deviendront la propriété de l'État.

3o Il réserve au profit de l'État le produit des loyers qui jusqu'à ce jour avait été compris dans les concessions faites à l'entrepreneur.

4o Il soumet l'entrepreneur à des conditions de surveillance, à des chances d'amendes et de résiliation *péremptoires* auxquelles ne l'avait nul'ement assujetti le traité de 1829.

5o Enfin, il accorde des entrées gra'uites aux élèves du Conservatoire, charge que ne stipulait pas le traité de 1829.

L'ensemble de ces clauses établit au profit de l'État, et en déduction réelle sur la subvention, une charge nouvelle et très onéreuse au compte de l'entrepreneur. Et remarquez bien! Cette charge frappe l'entreprise depuis le 1er octobre 1834, tandis qu'elle en était affranchie jusqu'au 30 septembre 1836, cette rétroactivité sur deux années d'exercice ainsi que l'abandon du matériel créé par l'entrepreneur pendant les quatre premières années de son exploitation augmentent réellement de la moitié la charge à répartir sur les quatre années de prolongation dont le traité de 1834 a fait la concession, ce qui donne, pour chacune de ces quatre années, une réduction considérable et positive obtenue par le ministre au profit de l'État.

On a publié dans un journal (*et il est bon de donner à cette occasion une explication*), on a publié que le nouveau traité était plus avantageux que le précédent, en ce sens que celui-ci avait imposé à l'entrepreneur l'abandon gratuit d'un certain nombre de loges au profit de hauts dignitaires de la cour de Charles X, et que cette charge n'avait pas été renouvelée par celui-là.

Il est vrai que, par le traité de 1829, le directeur devait livrer gratuitement huit loges et trente entrées.

Mais ce qu'il ne faut pas perdre de vue, c'est que cette condition n'a jamais été exécutée pendant toute la durée du bail. Dès le 27 septembre 1830, avant tout commencement d'exécution donnée au traité de 1829 (*il commençait le 1er octobre 1830*), l'Administration supérieure apporta une modification importante à cette clause : cinq de ces loges, ainsi qu'un certain nombre d'entrées gratuites furent remises à la libre disposition du directeur. En cela, l'Administration ne fit qu'appliquer au Théâtre-Italien une mesure qu'elle avait arrêtée à l'égard de tous les théâtres royaux : sous ce rapport, le ministre, par le nouveau traité de 1834, n'a pas placé l'entrepreneur dans une situation plus avantageuse que celui-ci ne l'avait obtenue par les précédents accords des 29 juin 1829 et 27 septembre 1830; il l'a laissé dans les termes où il s'était trouvé depuis le commencement de son bail. Au surplus, ce qu'il importe de retenir sur ce point, c'est que c'est précisément sous l'empire de cette modification apportée au traité que les faits se sont accomplis, que les produits de l'exploitation ont été perçus; or, ces produits sont constatés d'une manière irréprochable par le contrôle établi pour le recouvrement du droit des pauvres, et c'est sur l'ensemble de ces produits dans lesquels figurent nécessairement la perception de locations des loges et entrées gratuites rest-tuées, c'est sur la comparaison de ces produits avec les dépenses que le ministre a reconnu la nécessité du maintien de la subvention, sous les modifications ci-dessus signalées.

Cette subvention est exagérée, dit-on; les bénéfices de l'entrepreneur sont considérables, à peu près assurés d'avance; une administration plus soigneuse des intérêts de l'État aurait pu, ou supprimer la subvention en deniers, 70.000 francs, ou, en maintenant cette subvention, exiger du moins un prix de location pour la salle Favart et ses dépendances, elle aurait pu surtout s'affranchir de certaines dépenses d'agencement sur lesquelles un journal a donné beaucoup de détails et fait beaucoup de bruit.

Parcourons ces diverses objections et apprécions-en la valeur. La subvention est *exagérée?* Je m'étonne en vérité qu'on parle d'*exagération* à l'occasion du Théâtre-Italien. Est-ce par comparaison avec les autres théâtres subventionnés? Si je recours au projet de budget de 1836, je vois le fonds subventionnel de 1.390.000 francs, périodiquement alloués dans les budgets précédents, ainsi réparti pour cet exercice :

1° Subvention à l'Académie Royale de Musique, y compris les frais de la Commission de surveillance . . . . Fr.   790.500 »

2° Subvention au Théâtre-Français, y compris le traitement du Commissaire Royal . . . .   206.000 »

3° Subvention à l'Opéra-Comique, y compris le Commissaire Royal.   186.000 »

4° Subvention au Théâtre-Italien, y compris 1.200 francs, frais de surveillance . . . .   71.200 »

5° Le surplus, sauf 7.300 francs pour dépenses de conservation de l'Odéon, est destiné à soutenir la Caisse des Pensionnaires de l'Académie Royale de Musique. . . . . Fr.   121.000 »

Et celle des Pensionnaires du Conservatoire de Musique.   8.000 »   129.000 »

Odéon . . . .   7.300 »

SOMME ÉGALE . . . . . . Fr.   1.390.000 »

Certes, une subvention de 70.000 francs, la plus minime des quatre, ne peut être taxée d'exagération.

Est-elle exagérée en ce sens qu'elle ne serait pas nécessaire, et que les produits de l'établissement sont suffisants pour en assurer le succès?

Examinons l'exploitation de ce théâtre sous ce nouveau point de vue.

Les recettes, nous l'avons dit, sont connues; elles se sont élevées, savoir :

En 1831, à . . . . Fr.	404.000	»
1832, à	387.000	»
1833, à	350.000	»
1835, à	469.000	»
1836, à	548.000	»
TOTAL . . . Fr.	2.158.000	»
ET EN MOYENNE . . . Fr.	431.000	»

Or les dépenses, en moyenne, n'ont jamais été inférieures à la somme de 450.000 fr.

Que serait devenue l'entreprise sans la subvention? C'est la subvention qui a permis à l'entrepreneur de prendre des engagements avec des artistes distingués; c'est par leur concours que le public a été attiré, que les recettes se sont élevées aux sommes ci-dessus indiquées. C'est la subvention qui seule a fait le succès de l'entreprise, et sans subvention, il faut bien l'avouer, il y aurait eu pour l'entrepreneur perte, et probablement ruine et faillite. Les chiffres sont là pour en faire foi.

Qu'on cesse donc de parler de bénéfices considérables, *exorbitants* — quand on descend dans l'appréciation des faits, on reconnaît qu'une haineuse et envieuse coalition a pu seule donner cours à ces mensongères et injustes attaques.

On ajoute que les locations de loges contractées longtemps d'avance constituent, dès le commencement de la saison, un produit qui ne court aucune chance de réduction, et que le ministre devait en tenir compte dans la stipulation du dernier traité.

Mais les faits démentent encore cette assertion. La location était-elle assurée en 1831, 1832 et 1833? L'était-elle même en 1834? Les contrôles des hospices répondent hautement qu'il n'en fut nullement ainsi à ces diverses époques.

Si la location a été plus favorable en 1835, à quoi cela a-t-il tenu? Et qui peut en garantir le retour? Ne faut-il pas en attribuer l'honneur à la tranquillité profonde dont Paris a joui cet hiver, autant qu'à l'intelligente activité du directeur, et aux sacrifices par lui faits pour la composition d'une réunion d'artistes telles que, jusqu'à ce jour, l'on n'en avait vu aucune pareille en France; que dis-je en France? en aucune partie du monde! Le ministre et le directeur, en rédigeant leurs nouveaux accords, pouvaient-ils donc prendre pour base cette expérience d'une année? Non, certes, il y eût eu imprudence et folie de la part de l'entrepreneur à stipuler ainsi; il y eût eu injustice de la part du ministre à le proposer.

Le ministre a donc parfaitement compris sa mission lorsque, dans l'intérêt d'une bonne administration des fonds subventionnés, il a imposé à l'entrepreneur, dans le nouveau traité, diverses conditions favorables au Trésor ou à l'amélioration d'une propriété de l'État; il y a été fidèle encore lorsque, pour porter protection aux Arts, il a accordé à l'entrepreneur du Théâtre-Italien la continuation d'une subvention sans laquelle l'exploitation de ce théâtre eût été chaque jour mise en péril.

Après ces explications sur la nécessité de la subvention démontrée par l'irrésistible puissance des chiffres et de l'expérience, il serait superflu de s'occuper du point de savoir si la salle Favart devait ou non être vendue pour le compte de l'État, s'il était convenable, utile, que le gouvernement, par cette vente, s'exonérât des charges inhérentes à la propriété, telles que les grosses réparations ; la solution de cette question est évidemment subordonnée elle-même à une question préalable qui domine toute cette discussion et que nous avons indiquée dans les premières lignes de nos observations.

C'est celle de savoir si l'État doit protection aux entreprises théâtrales et dans quelle limite financière il lui convient de restreindre cette protection. Or, les votes des budgets depuis 1830 répondent suffisamment à cette question, et ce principe de protection aux Arts que la Chambre de 1830 a voté, la Chambre de 1835 ne le désertera pas.

Nous nous abstiendrons par les mêmes motifs de réfuter cette objection tirée de la dépense faite en 1833 par l'agencement de la salle Favart.

Le fait est vrai. La dépense a eu lieu ; elle a été ordonnée par le ministre sans même que le directeur lui ait fait à cet égard la plus légère réclamation. En cela, le ministre n'a fait qu'accomplir un acte de bonne administration. Chargé par la loi de veiller à la conservation et à l'entretien de la salle Favart, depuis que la loi du 2 mars 1832 l'avait détachée du domaine de la Couronne, il a dû y consacrer les fonds que comportait la conservation du bâtiment, ce n'est donc pas là une addition de la subvention du Théâtre-Italien, c'est une charge de la propriété.

Enfin, pour en finir sur toutes les allégations dont le Théâtre-Italien a été l'objet depuis quelque temps, empressons-nous de constater que si le ministre a fait construire un plancher pour mettre le parterre de niveau avec le sol du théâtre, cette dépense n'a nullement été sollicitée par le directeur, elle l'a été à la demande de l'une des légions de la Garde Nationale de Paris, à l'occasion d'un bal donné pour secourir les pauvres de son arrondissement. Le ministre, en effectuant cette dépense, a voulu s'associer à une œuvre de charité, et il l'a fait tout à la fois dans des vues de bienfaisance et de politique, à raison de la part active que cette légion venait de prendre quelques jours auparavant dans la répression des troubles de la rue.

Cette dépense encore, dont le directeur jusqu'à ce jour n'a nullement profité, ne peut être considérée comme addition à la subvention, que par ceux qui ignorent la vérité des faits ou qui la connaissant veulent l'altérer.

Telles sont les considérations qu'il était utile de présenter pour rétablir la vérité des faits étrangement défigurée au sujet de la subvention accordée au Théâtre-Italien par le traité de 1829, continuée par celui de 1834, et pour démontrer à tout esprit non prévenu combien il y a justice et convenance à exécuter loyalement ces traités.

Robert obtint gain de cause. La subvention n'était pas diminuée. Il restait, en somme, sur toute la ligne, vainqueur des malveillances, et peut-être des intrigues qui auraient pu se former contre lui.

On avait pu croire, nous l'avons dit, Laporte en fuite. Dans la réalité, il n'avait point cherché à fausser compagnie à ses créanciers. Il ne s'était éloigné que d'accord avec eux, en vue d'aller chercher en Allemagne des interprètes pour le cas où l'altération de ses rapports avec Robert ne lui permettrait plus de compter sur cette provenance.

Dans la correspondance que nous dépouillons, nous voyons, après ce plongeon, reparaître Laporte sous la forme d'une lettre adressée par lui, cette fois, à Severini, dont il sollicite l'aide amicale pour la composition de sa troupe. Expérience faite, il reconnaissait, paraît-il, qu'il lui était difficile de se passer du concours des deux habiles directeurs parisiens.

Cette lettre de Laporte prouve qu'il n'est pas découragé. Visiblement, il déploie une certaine énergie à lutter contre le mauvais sort. Malheureusement, il traîne de vieilles dettes ; ses créanciers ont cessé de s'entendre avec lui ; ils le menacent et le poursuivent ; il affirme néanmoins sa volonté de régler les comptes de la saison courante, de commencer bravement une autre saison. Ses espoirs reçurent tout de suite la sanction des événements, comme cela ressort d'un témoignage qui, cette fois, n'est pas le sien propre, d'une lettre par laquelle Allan, de Londres, donne des nouvelles sur le Théâtre-Italien de cette ville que Rossini, Robert et Severini, pour le cas où la retraite du directeur l'aurait rendu libre, avaient eu un moment l'intention de se faire attribuer. Il annonce que Laporte a repris publiquement possession de la direction depuis le 31 août pour trois ans, au prix de 12.000 livres par an, et que la bonne disposition de ses créanciers fait envisager qu'il pourra garder le théâtre pendant toute la durée de son bail.

La lettre d'Allan porte la date du 19 décembre 1835. Quelques jours auparavant, la direction Robert-Severini avait eu à enregistrer une nouvelle victoire, grâce à l'énorme succès obtenu par l'ouvrage le plus célèbre peut-être de Bellini, *Norma*. On pouvait, pour *Norma*, escompter « normalement » une longue suite de splendides et fructueuses représentations.

Nous continuons, sans suivre un autre ordre que celui des dates, le dépouillement de la correspondance des directeurs des Italiens.

Dans le courant de février 1836, Mme Albertazzi, à qui l'on a confié le rôle d'Elvire dans *Don Giovanni*, le fait rendre *par son mari* (singulière intervention conjugale !) sans alléguer un motif plausible. Et Severini de

lui écrire qu'elle a été engagée comme *prima donna* et que le rôle en question
rentrant dans le caractère de sa voix il espère qu'elle le reprendra et l'étu-
diera immédiatement, car l'ouvrage doit être remis à la scène le plus tôt
possible. A défaut par elle d'obtempérer à ce désir de la direction, celle-ci
se verrait forcée de recourir à un arbitrage. Mais il espère aussi que, mieux

UNE SCÈNE DE « NORMA »

pénétrée de ses intérêts et de la justice, elle fera en sorte d'éviter toute con-
testation.

Le 22 février, M. de Gérando demande à Robert de lui fournir des artistes
pour un concert public. Le directeur répond qu'il ne peut le faire. La clôture
du théâtre est fixée au 31 mars; dans ce court intervalle il lui reste à monter
plusieurs ouvrages, entre autres *Don Juan* et un opéra nouveau composé
exprès pour Paris par Mercadante, *i Briganti*. Les artistes doivent, en conséquence, répéter *tous les jours* et quelquefois encore deux fois par jour lorsqu'il
n'y a pas spectacle. De plus, il reste quatre représentations extraordinaires à
donner, un bénéfice pour Tamburini, un autre pour Santini, une soirée au

bénéfice des indigents du 2e arrondissement, plus une représentation pour les incendiés de la rue du Pot-de-Fer. La fatigue des artistes est telle, car ils chantent continuellement dans des concerts privés en dehors du service du théâtre, que le dimanche précédent il a fallu faire relâche, Mme Grisi étant indisposée par suite des fatigues extraordinaires qu'elle s'impose.

Dans la lettre du rédacteur en chef de la Mode que nous avons donnée antérieurement, il était question, au point de vue du « service », des « premières » et point des « répétitions générales ». Mais, dès ce temps-là, à défaut de la presse, la société mondaine, comme on a pu s'en rendre compte par une citation de la Camaraderie, se montrait fort avide de ces primeurs. C'est ainsi que, quant aux Briganti dont il vient d'être question, nous voyons, dès le 14 mars, les demandes de places pour la répétition générale affluer à la direction. C'est Mme Bockairy, locataire d'un tiers de la loge 16, c'est Rigel qui désire trois places pour sa femme, sa fille et lui, c'est le prince de Béthune, Mme de Bellissen, le duc de Frias, le baron de Frémilly, Moisant, abonné aux stalles, Mme Boucher, le comte de Bréon, le comte de Montagu, Lautour-Mézeray, Mme Sabine de Noailles, Mme de Monteynard, présentée par le marquis de Dreux-Brézé, le comte Rodolphe Appony II, le comte de Plater, Mme Ch. Laffitte, M. de Montmorand, M. Lyon, la marquise d'Anglade, etc., etc., qui réclament en termes empressés, soit deux, soit trois places pour la pièce de Mercadante attendue impatiemment.

La correspondance que nous analysons nous fournit, sans date, mais, selon toute apparence, vers la fin de mars ou au commencement d'avril 1836, une longue lettre de Robert à Rossini, en ce moment établi à Bologne. Certaines parties de cette épître volumineuse sont ou d'un tour trop vif, ou relatives à des détails d'un genre trop intime, pour pouvoir être données ici. Nous en retenons seulement quelques passages :

Cher Maestro,

Je réponds bien tard à l'aimable lettre que vous vous êtes fait *tanto ardito de scrivermi, ma che volete carissimo maestro*, ce n'est pas ma faute. Pourquoi, comme vous le dites fort bien, suis-je si célèbre? Un homme comme moi, *si philanthrope, si utile à son siècle et à son pays?* Cet homme-là n'a pas une minute à lui et ne peut suffire à sa vaste correspondance. C'est une conséquence naturelle du métier de grand homme. Convenons entre nous, caro maestro, que nous autres grands hommes sommes bien à plaindre. C'est un rude métier, n'est-ce pas?

‹ Votre lettre m'a du reste fait d'autant plus plaisir que je vois que vous êtes en verve plus que jamais et que la partie de la blague, loin de s'être refroidie, s'est retrempée d'une nouvelle ardeur dans ce bienheureux pays de Bologne, patrie par excellence de la blague et des blagueurs!

Suivent quelques détails sur Mme Olympe Pellissier que Rossini devait épouser par la suite en secondes noces et que Robert appelle peu galamment *Madame Rabatjoie n° 2*. On devine quelle pouvait être, dans sa pensée, pour Rossini, Mme Rabatjoie n° 1.

Elle est partie pour Bologne, et Robert la montre assez pittoresquement à ce départ dans « sa vieille baraque de calèche », surchargée d'un appareil énorme de caisses et de paquets, « surtout du linge de table, la chose la plus lourde du monde ».

Le paragraphe qui succède est un véritable bulletin, non pas de santé mais de maladies sur la troupe des Italiens :

Tandis que vous vivez là-bas dans les fêtes et les plaisirs, que vous écrasez tout Bologne par le trésor de vos plaques, cordons, crachats, décora-

EMMA ALBERTAZZI

tions de toutes les sortes et de tous les pays, nous, poveretti, nous sommes écrasés par la grippe. Rubini est dans son lit depuis quinze jours; Tamburini a commencé, puis Rubini; puis la Grisi. A présent c'est le tour de Lablache qui est au lit ainsi que Rubini, la moitié des chœurs et de l'orchestre. Enfin, nous allons très mal, obligés de changer à chaque instant de spectacle. Le bénéfice d'Ivanoff a été remis trois fois. A cause des maladies nous ne pouvons plus faire de représentations extraordinaires. C'est trente mille francs de perte pour le mois de janvier.

En dépit des bizarreries et des incorrections d'une forme un peu facile et même vulgaire, nous citerons encore le passage où Robert se moque de Costa et de Castil-Blaze. Là figure incidemment l'indication précieuse sur

laquelle nous avons cru devoir appeler déjà l'attention : le « directeur »
Rossini (il était toujours, au fond, de la *combinazione* et, jusqu'en 1836, les
fournisseurs du théâtre lui don-
naient du *M. le Directeur)* retou-
chant et arrangeant les ouvrages
que l'on monte, — même quand il
s'agit de Bellini et des *Puritains* :

ÉCRITURE MUSICALE DE BELLINI
Final d'*Adelson e Salvini*.

Vous nous avez laissé en partant
deux grandes plaies : la première *Malek-
Adel* qui, après nous avoir traîné jusqu'au
milieu de janvier, a fini par faire un fiasco.
Après les trois représentations d'abonnés
personne n'en veut plus. *Je croyais que
vous aviez fait pour cette partition ce que vous
aviez fait pour les Puritains et que vous l'aviez
revue en ami*, mais il paraît que non, car
vous auriez certainement forcé cet urluberlu
de Costa à refaire au moins tout son premier
acte, la plus plate et ennuyeuse chose du
monde. Il a encore eu l'adresse de ne rien
faire de joli, de saillant, d'intéressant pour
la Grisi. En un mot, cher maestro, ce *Malek-
Adel* est une pauvreté qui nous a porté la
guigne et une pauvreté assommante de
coups de grosse caisse qui ne cesse de frapper
à coups redoublés pendant trois heures et
demie de suite ! !

L'autre plaie, c'est celle de Castil-
Blaze qui, fort de toutes vos facéties qu'il
a prises pour argent comptant, est venu
nous offrir sa damnée *Tarentola*. Nous avons
eu une explication vigoureuse dans laquelle
je suis monté sur mes grands chevaux et
lui ai déclaré que puisqu'il n'avait pas entièrement changé cette ignoble rapsodie de poème
qu'il vous avait lue et qu'il était toujours question de Massaeau, de Galavor, de patois provençal
et enfin de toutes les platitudes qu'il nous avait lues avec vous, jamais, tant que je serais directeur, une pareille vilenie ne serait jouée aux Italiens. Il a crié que nous l'assassinions. Nous avons
tenu bon. Alors il s'est résolu à trouver un autre sujet pour lui appliquer sa damnée musique
que vous lui avez mis dans la tête que c'est un chef-d'œuvre (ce dont par parenthèse nous vous
avons une belle obligation !) Merci bien ! Mais vous vous moquez de tout cela pourvu que la blague
aille son train. Tant il y a qu'à présent nous en sommes venus au point qu'il arrangera le

premier acte pour le jouer seul. Nous allons tâcher, grâce à la grippe, de gagner du temps pour escamoter la chose. Mais vous pouvez vous vanter, cher maestro, de nous avoir rendu là un fameux service! Vous vous vengez de Castil-Blaze en nous assommant nous-mêmes.

Mais je me réserve de vous dire tout cela plus au long cet été à Bologne, car je compte bien vous y aller relancer avec Félix Réal et son fils. Nous avons le projet d'une tournée en Italie aussitôt après la clôture des Chambres et même avant s'il est possible. Félix vient d'être nommé membre de la Commission du budget pour cette année. C'est une bonne chose pour nous.

Adieu, cher maestro, je vous prie de faire bien mes amitiés sincères à la chère Isabelle, au cher papa, et ne m'oubliez pas auprès de Fiori et sa femme au souvenir de qui je vous prie de me rappeler.

... Addio, cher maestro, je vous embrasse de cœur.   ROBERT.

« Vous vous moquez de tout pourvu que la blague aille son train ! » On aura remarqué cette ligne qui rend bien compte de ce qu'était le fond même du caractère de Rossini, de celui que Heine, qui l'admirait, appelait un peu plus tard le « mime plaisant ». Cet homme si fin, grand amateur de mystifications, fut toujours, essentiellement et avant tout, un personnage doucement ironique.

Notons, par parenthèse, que s'il arrivait à Rossini de « revoir », suivant l'expression de Robert, des opéras tels que les *Puritains*, cela, sans aucun doute, au mieux des intérêts des compositeurs, certaines retouches, beaucoup moins heureuses, étaient constamment effectuées par les interprètes. Nous reproduisons à titre de curiosité deux mesures de l'exemplaire de la partition

spi ra il............ vo _ stro a _ more.

2738.   A LONDRES, chez BOOSEY et Cⁱᵉ

de *la Somnambule* qui a appartenu à Tamburini, et où, presque à chaque page, le célèbre chanteur a intercalé des traits de sa façon. C'est ainsi que de bons juges ont pu reprocher à Bellini de trop sacrifier à la virtuosité lorsqu'au contraire il s'efforça, surtout dans ses derniers ouvrages, de résister aux séductions du genre brillant où se complaisaient les imitateurs de Rossini.

Le jour de la première d'*i Briganti*, Robert recevait une lettre du maire de Paris qui le remerciait chaleureusement d'avoir bien voulu donner une représentation au profit des indigents. Il remerciait aussi Severini et les artistes du théâtre en déclarant : « Ce concours de bonnes volontés a eu un excellent résultat pour nos pauvres, car il nous a permis d'en soulager un grand nombre ».

Au mois de mai Severini est à Bologne. Il a reçu de Robert la nouvelle que Giulia Grisi est souffrante et pour quelque temps sans doute. La Persiani est intraitable ; elle exige toujours dix mille francs par mois. Il va faire une dernière démarche auprès d'elle en lui offrant un engagement d'un an sous condition qu'elle ira à Londres. L'obstacle c'est, dans la troupe, la présence de la Grisi, parce que M{ᴵᴵᵉ} Unger a fait croire à M{ᵐᵉ} Persiani que la Grisi est la maîtresse du théâtre et que toute cantatrice est obligée de faire ce qu'elle ne veut pas faire. Il ne pense pas, d'autre part, que la Persiani puisse faire fortune à Paris, car elle crie beaucoup et chante souvent faux. Il a fait demander à la Taccani quelles seraient ses conditions, car il faut se précautionner. « J'attends avec impatience vos lettres ou celles de Rossini, ajoute-t-il, qui me tiennent au courant de cette malheureuse affaire de Julie (la Grisi), mais dans tous les cas comptez que je serai de retour à Paris pour la fin du mois. Mille choses à Rossini. Son père et sa femme qui me font toutes sortes de politesses se portent à merveille ».

Le 18 mai, Robert écrit au chevalier Barberi pour lui recommander son ami Dormeuil, directeur du Palais-Royal, qui va se rendre à Naples et de là à Rome. Il annonce que lui-même était disposé à faire une tournée en Italie, mais que la crainte du choléra qui y est apparu de nouveau le retient dans l'indécision. D'ailleurs, il n'y a pas urgence pour lui de partir en recrutement puisque sa troupe est complète et qu'il possède la fleur des talents de l'Italie. « Dormeuil, termine-t-il, vous dira comme cela a bien été cette dernière saison », d'où il faut déduire qu'il avait tort de se plaindre dans sa lettre à Rossini et qu'il voulait simplement forcer le maître à regagner Paris.

Le 10 juin, Robert rappelle à M. de Tallenay, à Naples, qu'il avait l'intention d'aller le voir dans cette ville, mais qu'étant toujours maintenu dans la classe des proscrits il ne le pourra si l'interdit n'est pas levé. Puis, le 15 juillet, il écrit à la duchesse de Dino pour lui dire qu'il lui réservera la loge de feu Mme la princesse de Talleyrand, mais il faudra ruser et garder le silence, sans quoi toutes les dames à l'affût d'une loge aux Italiens lui arracheraient les yeux. Il y a déjà plus de trois cent cinquante inscriptions pour la saison prochaine, sans compter les anciens abonnés qui, presque tous, ont retenu leurs loges. Il insiste sur ce point que tous les jours se valent parce qu'il s'efforce de ne donner que de bons spectacles. Quant aux mauvais, le public en a bientôt fait justice par son silence. Il ne s'obstine jamais contre le jugement populaire, d'autant plus que le Théâtre-Italien est le seul qui soit à l'abri des claqueurs dont tous les théâtres de Paris sont infestés.

Le 28 juillet, M. de Tallenay qui a vu le marquis de Caretto, ministre de la police générale de Naples, et le prince de Cassero, est heureux d'annoncer à Robert que dorénavant il est libre d'aller à Naples quand bon lui semblera. Quant à Severini, il n'a jamais été compris dans la proscription : sa présence ne pouvait donc souffrir aucune difficulté.

Mme Assandri fait savoir à Severini qu'elle se rend avec sa fille à Manchester et à Norwich pour un festival. Elle voudrait savoir si la date du 25 septembre n'est pas trop tardive pour venir retrouver à Paris Lablache et Ivanoff. Vers le même temps, Renard, un ami de Robert, qui s'est exilé à Palma comme consul des îles Baléares, écrit qu'il « regrette ses parents, ses amis, le magnifique Paris, unique dans son genre, et surtout le délicieux, le divin Opéra-Italien qui a fait ses délices pendant six mois. Ses oreilles tintent encore des ravissants accents de la Grisi, de Rubini, de Lablache, de Tamburini. Il changerait avec délices les *dissonances* espagnoles pour les suaves accords de Bellini ».

On voit de quel prestige le Théâtre-Italien jouissait alors.

Il n'y a, décidément, rien de plus actuel que le passé. Tout du long de notre itinéraire, que de questions redevenues contemporaines n'avons-nous pas rencontrées!

Voici que, sous nos pas, il en surgit une autre destinée à ne jamais recevoir que des solutions incomplètes, celle des marchands de billets.

La saison 1836-1837 avait commencé sous de bons auspices. Les abonnements avaient afflué. Mais c'est, naturellement, la réussite qui, en quelque sorte, engendre le marchand de billets, lequel, à coup sûr, ne pullule guère là où le spectateur est rare. Robert est bientôt littéralement assailli de réclamations motivées par les façons d'agir des bizarres industriels dont le docteur Véron (qui, lors de sa direction à l'Opéra, en connut aussi le fléau) a si plaisamment conté les hauts faits et prouesses dans ses piquants *Mémoires d'un Bourgeois de Paris*.

Le 2 novembre, Robert se décide à écrire au Préfet de police. L'année précédente deux sergents de ville mettaient fin aux scènes scandaleuses qui troublaient le bon ordre sur la voie publique. Cette année-ci la Préfecture lui a répondu que s'il voulait des agents il devrait payer deux francs par soirée. C'est une dépense de sept à huit cents francs pour la saison. Il trouve cela excessif puisqu'il s'agit d'un service extérieur et dans l'intérêt de l'ordre public.

Plusieurs ordonnances de police, dit-il, défendent positivement la vente de billets de spectacle sur la voie publique. Ce que je réclame de M. le Préfet c'est l'exécution réelle et rigoureuse de ces sages ordonnances pour mettre un terme aux scènes scandaleuses dont les abords de la salle et de la rue Favart sont journellement le théâtre. L'audace et l'insolence de ces marchands de billets est poussée au point d'arrêter les passants et les personnes en voitures qui viennent au bureau de location et de les poursuivre jusque dans l'intérieur du bureau pour leur vendre les billets qu'ils sont parvenus à se procurer soit en ayant loué d'avance à l'année des loges et stalles, soit en achetant les billets des locataires de loges et stalles qui ne peuvent venir au spectacle. Ils ont même fait distribuer dans la salle des adresses d'une espèce de bureau où ils annoncent qu'ils procurent des loges et stalles tant au Théâtre-Italien qu'à l'Opéra.

Si je réclame, Monsieur le Préfet, contre ces menées odieuses, c'est tout à fait dans l'intérêt de l'ordre public, car en définitive mes intérêts pécuniaires ne sont pas lésés par ces manœuvres puisque tous ces billets proviennent de locations faites et payées à l'avance. Comme il n'est jamais entré dans mes vues d'employer des moyens factices pour donner la vogue à mon théâtre en faisant vendre en dehors du bureau de location des billets par ces brocanteurs, il est pénible pour moi de voir le public trompé et indignement rançonné par cette tourbe d'ignobles spéculateurs, et d'être exposé aux soupçons de ceux qui, ne me connaissant pas particulièrement, peuvent accuser l'administration du Théâtre Royal Italien de tremper dans ces déplorables spéculations.

Et il prie le préfet de mettre un terme à ce commerce en faisant arrêter en flagrant délit par des agents de la sûreté les marchands de billets.

Il est assez curieux, en passant, de noter un compte de la Grisi établi par le Théâtre :

Elle doit pour la souscription Parisini 100 francs ; au sieur Coutard, solde de compte, 27 francs ; pour des étrennes 170 francs ; pour un piano 990 francs et 10.000 francs d'argent reçu en avance, soit 11.287 francs. Par contre, on lui doit pour solde de ses appointements de novembre 5.000 francs, et 9.000 francs pour ceux de décembre et le change de 362 demi-ducats à 4 fr. 25 c. = 1.540 francs : au total 15.540 fr. Il lui revient donc 4.753 francs.

C'est ici que, chronologiquement, se place ce qui se rapporte à *Malek-Adel*, l'opéra que, comme on l'a vu, Robert traitait si durement dans sa lettre à Rossini. La première est annoncée pour le 14 janvier 1837.

GIULIA GRISI

C'est un nouvel assaut de demande de places. Rigel en veut trois ; le baron Lecordier en veut deux pour quatre personnes ; la marquise de Miraflores s'en remet à la générosité de Robert ; le duc de Frias voudrait bien huit billets ; Mme Hortense d'Audigier depuis quatre ans abonnée n'a pas eu de

chance; elle a vu la Grisi sans Lablache dans *Norma*, et sur six représentations elle a vu deux fois *la Cenerentola*, une fois *le Barbier* et *il Matrimonio*. Elle estime avoir droit à un dédommagement, soit deux billets pour la répétition attendue. Enfin c'est la comtesse Franville et d'autres encore qui sollicitent, désireux d'assister à la répétition de l'œuvre de Costa, tels que le comte Plater, Appony, la comtesse de Sparre, la vicomtesse Molitor, M. de Salvicourt, de Caze, Mme de Villeneuve, Auguste Roger, de Lesseps, le prince de Béthune, le marquis de Gabriac, etc., etc.

La première n'est pas brillante. Le livret du comte Pepoli a de grandes qualités dramatiques, mais Costa n'a pas écrit une partition digne du sujet, et malgré la belle interprétation de Mmes Grisi et Albertazzi, de Rubini et de Tamburini, l'échec est presque complet. Robert s'en console en allant dîner chez le Préfet de la Seine, comte de Rambuteau, le 4 février.

Ce médiocre ouvrage trouva bientôt un acquéreur, car, de Londres, la maison d'Almaine et Cie fit une offre de 3.500 francs pour l'achat en toute propriété de la partition de *Malek-Adel*. La chose fut acceptée.

Autre chute avec l'*Ildegonde* de Marliani. Au moment où la pièce va être répétée généralement, Robert ne sait encore où donner de la tête. Il a le tort de promettre à chacun des places, et, à la dernière heure, il se trouve débordé, de sorte qu'il se voit contraint de refuser à d'excellents abonnés.

D'ailleurs, c'était un peu cette fois à qui perd gagne, et le grand nombre des non-élus eut plutôt lieu, par réflexion, de se féliciter pour n'avoir pas assisté, le 7 mai, à une soirée dont l'impression dominante avait été l'ennui.

Mais pour compenser ces mécomptes, n'avait-il pas sous la main des œuvres supérieures, dont la puissance d'attraction, non encore défraîchie par le temps, était dans toute sa force? Le public ne se lassait pas de revenir à la grâce et à la finesse rossiniennes, comme le prouve, entre autres indices une lettre par laquelle « une nombreuse société » déclare « désirer avec ardeur entendre la sublime musique du *Barbier de Séville* ». Il fut déféré à ce vœu par le Directeur, qui, au fait, avait peut-être, en vue de la communiquer aux journaux, suggéré lui-même ou forgé cette lettre.

Détails de ménage. Il paraît que Severini et Robert mangeaient fréquemment au théâtre même. De cela aussi il reste une trace assez amusante à relever. Certain jour où l'appétit n'est pas brillant, Severini prend un potage, six pommes cuites et cinq sous de pain. Il en a pour 2 fr. 65 c. Mais un autre jour il se paie une cuisse de volaille, une garniture de crêtes et sauce à la financière, et Robert de son côté — il faut croire qu'il était en compagnie — mange un turbot avec sauce aux huîtres qui lui coûte 35 francs.

Puisque nous en sommes à de telles minuties, peut-être convient-il de placer ici une liste édifiante donnée par Rossini, nous ne pouvons trop spécifier à quelle occasion, d'objets à emporter en voyage. On vient d'apprendre comment deux des directeurs s'alimentaient; la liste que nous allons reproduire fera voir comment « s'habillait » le troisième « larron », puisqu'au fond Rossini était toujours « de mèche » avec les deux compères.

Voici cette nomenclature détaillée, écrite par Rossini avec le même soin qu'une page de *Moïse* et de *Guillaume* :

15 chemises ;	2 serviettes ;
12 cols ;	2 cravates noires ;
4 caleçons ;	5 paires de gants ;
3 paires de bas en soie de couleur ;	3 paires de bottes ;
12 foulards ;	1 paire de souliers ;
4 bonnets de coton ;	1 paire de pantoufles ;
6 mouchoirs blancs ;	l'uniforme de l'Institut ;
6 cravates blanches ;	5 paires de bas ;
4 gilets de flanelle ;	1 paire de bretelles ;
5 gilets ;	2 toupets ;
2 vestes ;	7 rasoirs ;
4 pantalons ;	2 manteaux (un écossais et un en drap bleu);
1 redingote ;	1 bonnet de soie noire.
2 habits ;	

Continuons à entremêler, selon le cours des temps, [4] les événements et les personnages. C'est ainsi que le directeur de Covent-Garden, Laporte, rentre en scène à la date où nous sommes, mais d'ailleurs pour une apparition finale, et pour prendre en quelque sorte congé de nos lecteurs. Il a été mis en faillite — cette faillite qui le menaçait depuis si longtemps, et qui était l'aboutissement naturel de son impéritie et de sa maladresse. Cet effondrement, trop prévu du pauvre Laporte, nous en retrouvons la trace dans une note rédigée sans doute sur la demande de Robert et de Severini par un avocat, lequel expose que cette faillite entraîne *de plano*, en vertu de l'article 1188 du Code civil, la résiliation du traité passé avec le *de cujus*. Au surplus, par suite d'arrangement avec les créanciers, nous pourrons voir encore les théâtres italiens de Londres et de Paris en relations d'affaires.

Severini était sur le point d'entreprendre en Italie une de ces tournées auxquelles nous ont habitués les deux directeurs, et où l'on connaît le but poursuivi ; nous avons déjà dit quelles avaient été leurs difficultés avec le tracassier gouvernement napolitain; ils les croyaient, d'après les assurances qui leur avaient été données, définitivement aplanies. Mais point. On refuse de signer le passe-port de Severini. Réclamations, démarches. Enfin, l'affaire s'arrange, grâce au chargé d'affaires de Naples à Paris.

Arrivé à Milan, Severini écrit à son associé le 23 avril 1837. Il a dû s'arrêter seize heures à Turin à cause des passe-ports. Il a failli rester enfoui dans les neiges du Mont-Cenis, car parti à 6 heures du soir de Lanslebourg il n'est arrivé au sommet qu'à onze heures! Les voyageurs ont été obligés, au milieu d'une tourmente de neige, de démonter la voiture et de prendre des traîneaux. Pour son propre compte il avait huit chevaux, trois postillons et quatre guides. Il lui en a coûté 156 francs.

Robert, dans sa réponse, donne des nouvelles de l'Opéra, « continuation, dit-il, d'un immense succès pour Duprez; la troisième représentation, pour ses débuts dans *Guillaume Tell*, a produit 10.060 francs, et toujours un enthousiasme inconnu à l'Opéra ; mais les Nourritistes, ajoute-t-il plaisamment, l'attendent aux hurlements tudesques ». Il raconte d'autre part à Severini que les directeurs de l'Opéra, de l'Opéra-Comique et des Français, c'est-à-dire Duponchel, Crosnier, Cerfbeer et Vedel l'ont sollicité pour le faire entrer dans l'association qu'ils forment contre Charles Maurice, le journaliste maître-chanteur. « J'ai répondu à Cerfbeer, dit-il, que je louais très fort la résolution prise par ces messieurs, que, quant à nous, nous avions déjà pris depuis longtemps l'initiative puisque jamais il n'avait reçu un sol de nous; que lorsque j'ai commencé la direction il n'avait pas même ses entrées; que nous ne les lui avions données que sur les instantes supplications qu'il nous avait fait faire; mais que depuis deux ou trois ans, Charles Maurice voyant que nous ne lui payions point de tribut avait recommencé ses attaques auxquelles nous n'avons jamais daigné faire attention ; qu'il ne mettait plus les pieds **chez** nous ; que par conséquent ces messieurs voyaient bien que nous avions déjà pris à l'avance le parti qu'ils veulent prendre aujourd'hui. »

Sur le dernier point traité, Severini répond que son avis est bien simple. Charles Maurice ne mérite pas qu'on lui donne tant d'importance. Ce n'est que par le plus complet mépris qu'il faut s'occuper de lui. Il est d'ailleurs tellement pris à Bologne par les visites, les promenades, les déjeuners, les dîners et les projets d'affaires, qu'il s'excuse de donner rarement de ses nouvelles.

La parole ou plutôt la plume repasse à Robert : « J'ai vu la Pasta, écrit-il le 9 mai ; son mari est venu me demander de lui prêter les partitions de *Tancredi* et de l'ancien *Romeo* pour les jouer à Drury-Lane ». Robert ne croit pas à la réussite de la Pasta à Londres. D'ailleurs, celle-ci déclare qu'elle n'entreprend qu'un voyage d'agrément pour faire visiter Londres à sa fille qui vient d'épouser son cousin, et, d'autre part, elle a fait annoncer dans les journaux qu'elle était forcée de reprendre la carrière théâtrale à cause des pertes qu'elle a faites depuis peu ; mais, en réalité, cela n'est qu'un prétexte pour justifier sa rentrée tardive.

Depuis plusieurs jours Robert assiste aux séances de la Chambre. Il a suivi les luttes oratoires entre Guizot et Thiers. « Le petit homme a gagné la bataille. En fin de session il rentrera triomphant au ministère. » Il croit que la discussion du Budget sera courte. Il y a lieu d'être tranquilles, on ne chicanera pas. D'ailleurs, il a mis dans ses intérêts Mme Molé et sa mère Mme La Briche qui ont promis de travailler le ministre de l'Intérieur en temps utile : « Duprez, ajoute-t-il, continue le cours de ses brillants succès ; tous les jours de 9 à 10.000 francs de recettes. Il fait une véritable fureur ; quant à la grande guerre avec Charles Maurice, elle continue ; mais j'ai d'autant mieux fait de ne pas me mêler avec ces gens-là que déjà ils faiblissent, car Duponchel n'a trop osé lui retirer ses entrées ; je le vois tous les jours à l'Opéra. Tous ces directeurs sont si canailles *(sic)* qu'ils ne tarderont pas à le payer, chacun par-dessous, mais pour attaquer les autres ».

Nous laissons, bien entendu, à Robert la responsabilité de cette supposition peut-être suspecte. La même lettre contient une allusion à l'avarice, réelle ou prétendue, de Rossini. Il y a là chez lui, d'après Robert, un « bout de l'oreille » qui perce toujours. Et Robert affirme à propos de Carlino, le légendaire domestique de Rossini, que son maître a diminué ses gages, sous le prétexte que « les prix de Bologne ne sont pas ceux de Paris ».

Depuis longtemps déjà Severini, qui avait l'intention de se retirer aux alentours de Bologne, près de Rossini, faisait creuser un puits artésien dans sa propriété, mais c'était en pure perte. Le 20 mai, Robert étonné de son silence, lui demande ce qu'il fait. Où en est le puits? Serait-il tombé dedans? Mais ce qu'il désire surtout c'est savoir ce qui se passe chez Rossini.

Le 3 juin, Robert se montre de plus en plus surpris du silence de son associé. « Pas de nouvelles d'Ivanoff. Revient-il ou non? C'est ce que j'ignore puisque vous avez pris le parti de ne plus m'écrire vous-même. Vos deux mots sont du 7 mai! Le budget ne sera pas encore discuté avant quinze jours ou trois semaines. La Pasta a fait un grand fiasco à Drury-Lane où elle n'a pu chanter que dans les entr'actes, en concert. Il paraît que la Grisi est souvent indisposée. Dernièrement elle a fait faire relâche. On n'avait rien affiché; la foule est arrivée et a enfoncé les portes. Le directeur a dû haranguer le public du haut d'une fenêtre, mais il a fallu ouvrir et jouer la Cenerentola, faute de mieux. L'Albertazzi s'est trouvée mal. Un tapage affreux. On voulait démolir la salle. Je ne vous demande plus de vos nouvelles puisque ni vous, ni personne ne m'écrit plus de Bologne. C'est ridicule. Addio. »

Pour divers motifs, il est aisé, vers cet instant, de constater entre les deux associés un certain refroidissement. On sait quels étaient, dans l'association, leur situation et leurs rôles respectifs. Tout d'abord au point de vue des intérêts, si des capitaux appartenant à Robert de même qu'à Rossini étaient engagés dans l'affaire, cependant le principal bailleur de fonds était, à cette date, Severini, fort économe, et qui, parti comme on l'a vu de rien, mais ayant peu à peu gagné des sommes importantes, avait eu, vraisemblablement, la sagesse de thésauriser. D'autre part, bien que nous ayons eu à relever à maintes reprises, du côté de Robert, des preuves d'intelligence, de sens pratique, de dextérité administrative, néanmoins semble-t-il qu'avant tout il était l'homme des relations mondaines utilement brillantes, le virtuose en publicité plus ou moins apparente, le placeur de billets, le vendeur de loges. Quant à Severini, sans parler de son entente des questions artistiques et de ses capacités de travail, il était, d'accord avec Rossini dont sa qualité de compatriote devait le rapprocher plus étroitement, peut-être plus sérieusement

SEVERINI

114

en état que son *alter ego* de juger les interprètes à prendre et les œuvres à jouer. On le saisit à l'œuvre dans une missive écrite de Bologne le 20 juin 1837, où il dit s'occuper de chercher un ténor pour remplacer Ivanoff qui s'est dérobé.

Je suis fâché contre Ivanoff qui ne m'a pas répondu à une lettre que je lui ai écrite ici. Il ne devrait pas se conduire comme cela avec nous. J'oubliais de vous dire que je suis débarrassé de l'opéra de Persiani: 6.000 francs de gagnés et beaucoup d'ennuis épargnés. Je voudrai bien savoir si la Grisi a joué *la Parisina* à Londres. Il faudrait vous en informer... Mon puits n'avance pas. Je suis fâché d'avoir entrepris cet ouvrage; si c'était à commencer, je ne le ferais pas. Quoi de nouveau sur le budget ? Avons-nous été enfoncés ? Cela ferait rire beaucoup de monde.

« Ouf ! nous l'avons échappé belle !! » lui répond Robert le 1er juillet. « Je viens de passer un bien vilain quart d'heure à la Chambre. Après une longue et lourde diatribe débitée par Auguis et puisée dans *le Courrier français* et *le Constitutionnel* qui a lancé ces jours derniers un article affreux contre le Théâtre-Italien, le Ministre nous avait assez bien défendus, lorsqu'une voix a demandé la division du chapitre des subventions. L'Opéra, les Français et l'Opéra-Comique ont passé d'emblée par assis et levé. Mais arrivé à nous, le nombre des levés *contre* a été à peu près égal à celui des levés *pour*, et si le bureau n'eût pas été bien disposé pour nous, c'en était fait; le vote *contre* était acquis et la subvention supprimée net. Heureusement le bureau a déclaré qu'il y avait doute et on a recommencé l'épreuve qui, cette fois, a été complètement *pour* et à une très grande majorité. J'étais là et jugez comme je jouissais! C'est odieux d'être ainsi ballotté.

» C'est cette demande de la division qui a tout gâté car nous aurions tous passé en masse. Cette demande a été faite par un député locataire depuis trois ans d'une loge aux troisièmes, n° 240 de côté, et qui prétend avoir à se plaindre de la manière dont on lui a répondu au bureau de location quand il a demandé à avoir une meilleure loge, et voici le motif qui a failli nous renverser. Du reste, nos amis Berryer, de Sivry, Mauguin même, n'étaient pas présents lors du vote, qui a été fait à la diable, comme tous les autres, tant ils sont pressés de décamper...

... » Addio, portez-vous bien. »

Dans une autre lettre du 3 juillet, Robert dit : « Je ne crois pas que nous puissions augmenter le tarif cette année, ayant obtenu la subvention. Je craindrais que cela fît crier. Il faut réserver cela pour l'année prochaine. Si on nous chicane pour la subvention, nous pourrons alors tailler en grand. »

Le 14 juillet, Robert annonce qu'il partira le lendemain pour rejoindre son associé. Il passera par le Simplon. Il veut voir Poggi à Milan. Cet artiste paraît-il, demande de très gros émoluments pour venir à Paris remplacer Ivanoff. Mais il faut le voir d'abord.

Dans la même lettre, il est fait mention du domestique de Rossini, Carlino, ce valet un peu analogue aux Dave de la Comédie antique, et de qui, ci-dessus, nous avons dit un mot. Robert note que Carlino est arrivé, peut-être pour quelques emplettes d'articles de ménage dans le genre de ceux dont nous avons précédemment donné la liste. Ce valet bavard, au courant de la chronique scandaleuse, « lui en a raconté de belles ! Le succès de *Guillaume Tell*, ajoute-t-il, ne fait qu'augmenter, et malgré le peu de monde qu'il y a à Paris et la grande chaleur, tout était plein hier et Meyer-Beer enrage. Enfin on commence à trouver que c'est la plus belle musique possible ». Nous avons gardé l'orthographe de « Meyer-Beer ». Le nom était souvent encore présenté ainsi. Antérieurement même, il arrivait qu'on appelât le futur auteur des *Huguenots* M. Beer tout court. N'est-ce pas ainsi que le désigne Stendhal après l'avoir rencontré en Italie quand il y faisait jouer ses premiers opéras ?

Severini s'est décidé à rentrer au bercail. Quant à Robert, que nous avons montré partant pour le rejoindre, il demeure immobilisé à Côme par une attaque de goutte. Il doit d'ailleurs, avant son retour, pourvoir à certains engagements, notamment pour le remplacement d'une partie du personnel des chœurs et de l'orchestre.

La saison 1837-1838 est commencée. Sera-t-elle aussi brillante que la précédente? C'est douteux. Les difficultés du côté de Londres, la défection d'Ivanoff, les craintes que donnent les continuels malaises de la Grisi sont autant de soucis nouveaux. Une sorte de triste pressentiment s'empare de Severini destiné à périr tragiquement quelques mois après.

La guigne se fait sentir sous d'autres aspects. Jamais la Direction ne s'est trouvée en présence d'une telle tracasserie de demandes, de plaintes, de réclamations, d'incidents parfois burlesques, mais, en tout cas, toujours désagréables.

Le 30 octobre, un M. Holterman, qui est affligé d'un spasme nerveux à la poitrine, demande la permission de descendre de sa voiture au perron du théâtre. Il invoque sa qualité de Conseiller de l'Ambassade de Suède non moins que son affection douloureuse. Le 11 novembre, c'est Duponchel, le Directeur de l'Opéra, qui se fâche. Le cartel d'échange d'entrées personnelles entre l'une et l'autre administration est et demeure supprimé à compter de ce jour. Le 22, c'est un nommé Bergeret qui se plaint de la bru-

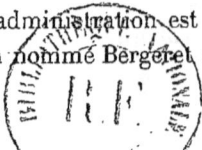

talité dont il a été victime la veille de la part des employés du théâtre. Ayant payé dix francs pour avoir une stalle, on a voulu lui donner un tabouret derrière les places de balcon. Il a réclamé son argent, on l'a envoyé devant le commissaire de police qui a décliné toute compétence et lui a conseillé ironiquement d'envoyer un huissier au directeur. En attendant, il n'a rien vu ni entendu et il en est pour son demi-louis.

Le 2 décembre, Robert trouve dans son courrier l'étrange « billet doux » que voici :

Je ne comprends pas, Monsieur, s'exprime l'anonyme, que vous n'ayez pas de honte d'engager des artistes aussi misérables que ceux qui jouent Bartholo et Bazile. A votre place je ne saurais où me cacher...

Sur ces entrefaites le ministre de l'Intérieur réclame la liste des personnes habitant le théâtre des Italiens et les bâtiments qui lui servent de magasins. Dans le théâtre se trouvent à demeure : Robert, Severini, Gimel, inspecteur, Declos, garçon de caisse, Perray, concierge du théâtre, Leconte, concierge de la salle ; dans les magasins habitaient Ferré, le peintre, et Duguet, le concierge.

Le 12 décembre, on donnait *Lucie de Lammermoor* (un grand succès) pour les débuts de Mme Persiani et les spectacles se relevaient sensiblement. Toujours aussi avide de réceptions, Robert, le 2 janvier 1838, passait la soirée chez le colonel Thorn, rue de Varennes, le 10 chez Williams Hope, et il était invité pour le 19 chez le marquis de Galliffet, pour le 27 chez M. et Mme Cousin. Il n'était pas arrêté par les rigueurs d'un hiver exceptionnel ; la Seine avait gelé.

Ce fut le 15 qu'eut lieu le terrible incendie des Italiens. Au cours de ce sinistre, Severini, qui était remonté chez lui, s'affola au point de se précipiter d'une hauteur de quinze pieds sur les blocs de pierre qui bordaient le théâtre. Il y trouva la mort en se brisant la colonne vertébrale ; d'après une version un peu différente, en voulant s'accrocher à un balcon il aurait manqué son élan.

Rossini qui, bien que ne figurant pas sur la liste dressée par nous des habitants du théâtre, y avait conservé, dit assez comiquement un journal du temps, « un pied-à-terre dans les combles », perdit en ce désastre une partie de sa collection de musique qui s'y trouvait hospitalisée.

Robert ne demeure pas longtemps affaissé sous le coup qui le frappe. Il se redresse et entreprend la lutte. Il veut sauver les intérêts de chacun en sauvant les siens propres. Il avait affaire à des compétitions assez âpres : l'association Berlioz-Ruolz et celle de Crosnier-Cerfbeer, en particulier, travaillaient sournoisement contre Robert, et le desservaient auprès de M. de Montalivet, son protecteur avéré.

Dès le lendemain du sinistre, Robert s'était mis en rapport avec les propriétaires de Ventadour, tandis que son avocat Henri Rougier demandait aux Assurances 75.000 francs pour la partie meublante et que le Ministère réclamait de son côté 225.000 francs. En même temps il écrivait à M. de Montalivet, ministre de l'Intérieur, pour lui demander l'autorisation de transporter sans retard l'exploitation du Théâtre-Italien à Ventadour, en attendant la prise de possession de la salle par Anténor Joly qui venait de la louer pour y fonder le théâtre de la Renaissance. L'autorisation lui fut accordée, et, dès le 30 janvier, de moitié dans l'affaire avec Viardot, il rouvrait les Italiens.

Le jour suivant, le 31 janvier, il

FANNI PERSIANI

adressait à Rossini, dont il avait reçu une lettre que malheureusement nous n'avons pas pu retrouver, une réponse qui fixe quelques points importants et que voici :

Votre lettre, cher maestro, m'a fait du bien et j'en suis d'autant plus vivement touché qu'elle prouve la grande bonté de votre cœur et que vous n'abandonnerez pas vos anciens amis quand ils sont dans le malheur, même quand ils ont eu des torts envers vous. C'est tout pour moi si, dans mon affreuse position, je puis compter sur votre amitié et vos bons conseils. J'ai fait jusqu'à présent ce que vous me conseillez; mais dans l'impossibilité de sortir de mon lit où je suis retenu par les blessures que j'ai reçues dans l'incendie et auxquelles s'est jointe une violente attaque de goutte, j'ai accepté les soins de Viardot qui est un honnête homme et qui, par ses relations tant avec Aguado qu'avec les artistes qui ont tous été charmés de ce choix, m'a déjà rendu de grands services, car, sauf ses soins, il m'eût été impossible de rouvrir si vite à Ventadour. Mes conseils sont Félix Réal, mon bon ange en ce moment, Gauthier et Viardot qui s'est offert de m'aider sans titre et sans intérêt aucun. Je ne vous parle pas de la nuée d'intrigues qui pleuvent autour de moi pour s'immiscer dans mes affaires, mais je les repousse ferme.

Après des efforts inouïs nous sommes enfin parvenus à ouvrir hier 30 par *i Puritani;* mais comme un malheur n'arrive jamais sans un autre, Tamburini est tombé malade et hors d'état de paraître. S'il eût pu seulement s'habiller! Mais mort ou vif il fallait ouvrir avant l'expiration du mois. On a supprimé entièrement le rôle de Tamburini, et, pour remplacer les morceaux qu'il chante, Rubini a dit dans le premier entr'acte la cavatine de la Niobé et tout a réussi à miracle. L'enthousiasme a été grand et on a bissé comme à l'ordinaire les airs de Grisi, de Rubini; tout a marché à merveille et la résurrection du Théâtre-Italien a été complète. Demain, si Tamburini ne peut pas chanter, nous donnerons la *Norma.* On a pioché jour et nuit pour les costumes et décors qui sont tous en cendres, car rien de tout cela n'a été sauvé; c'est un vrai tour de force d'être arrivés ainsi quand il faut tout créer en si peu de temps. Enfin le succès a été complet et cela a fort contrarié la cabale qui veut m'achever.

Je ne parle pas des désagréments de la salle Ventadour; en me la donnant, ils se sont réservé le tiers de la salle pour leurs entrées; mais il fallait ouvrir et j'ai tout accepté.

Il est bien cruel, cher maestro, d'être obligé de veiller à tant de soins quand j'ai le cœur serré de la perte de notre cher Severini, car tout le reste ne serait rien s'il eût survécu au désastre. C'est pour moi un crève-cœur éternel et je ne puis me faire à l'idée de ne plus le revoir. Il était sauvé le malheureux et ne risquait plus rien! Lui, si calme, si froid de tête! Il l'a perdue au moment où on allait le délivrer! Jamais nous ne retrouverons un si parfait ami, l'honneur, la probité mêmes, et quelle entente des affaires, quel tact! J'ai tout perdu en lui! Il ne rêvait depuis quelque temps qu'à ses nouvelles acquisitions de terres. Nous avons retrouvé tout dans ses carnets, et chaque artiste a retrouvé son compte d'une exactitude admirable. Les fonds sont à la Banque ou en rapport; ainsi n'écoutez pas les journaux...

Rossini aimait, nous l'avons dit, l'argent. Il était de ceux qui encaissent plus facilement qu'ils ne déboursent. Sachant que son illustre ami a peu de plaisir et de hâte à délier les cordons de sa bourse, Robert emploie en lui écrivant le procédé, d'ailleurs connu et classique, qui consiste à crier misère. A cet égard, sa lettre du 6 février est très caractéristique. Bien entendu, il ne faut pas croire aveuglément Robert se plaignant d'avoir trop peu d'argent, pas plus du reste que lorsque, sur le point de se retirer, il se plaindra presque d'en avoir trop :

Cher maestro, une heure après la réception de votre lettre du 23 janvier, l'effet de 5.780 francs m'a été présenté et je l'ai acquitté. Vous savez bien que je n'aurais pas laissé en souffrance la responsabilité de Severini, mais cela m'a gêné; toutes mes valeurs étaient confondues avec les siennes et déposées à la Banque de France en son nom, je ne puis y toucher tant que les héritiers ne se seront pas présentés. Jugez de mon embarras ! J'ai à payer le mois de janvier, tout le personnel : de 80.000 à 90.000 francs. Les gros bonnets, à la vérité, ne demandent pas tous leurs appointements, mais encore il leur faut de l'argent courant et toutes les masses en entier doivent être payées, car je n'entends pas que personne perde un sou dans mon désastre, excepté moi.

Pour bien saisir le paragraphe qui va suivre, il est bon de savoir que Rossini devait parfois des sommes considérables à Severini qui réglait pour lui généralement tous ses comptes :

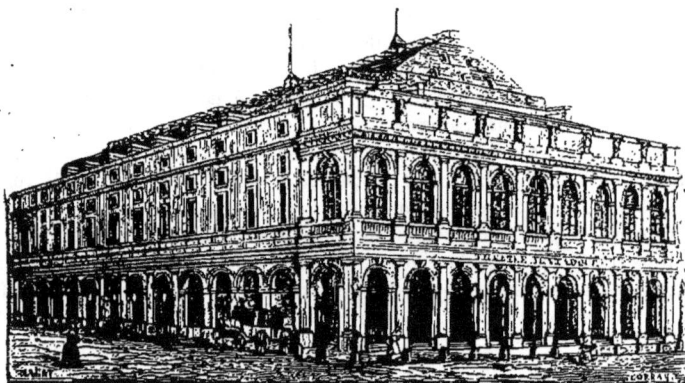

THÉATRE VENTADOUR

Je suis en outre menacé d'une lettre de change de 6.328 francs tirée sur Severini par la fabrique de Tournay pour vos tapis, d'après la lettre de Doria à Severini du 17 janvier dernier. Pour peu qu'il en pleuve comme cela, avec la meilleure volonté du monde je ne pourrai pas y faire face. Tâchez de me faire retour de la première de 5.750 francs le plus tôt possible et d'arrêter les autres ou m'envoyer des fonds. Je n'ai pas encore touché ma subvention ni le dépôt des deux tiers du prix des loges à la Caisse des Consignations, et je crains qu'on me fasse des difficultés à l'Intérieur à cause du sinistre.

Heureusement l'ami Brillantais m'a ouvert sa bourse. Il m'a déjà avancé 30.000 francs. Mais cela ne suffit pas.

Pressez, je vous prie, l'arrivée à Paris de Ghedini (le beau-frère de Severini) ou l'envoi de sa procuration. On m'a dit qu'il voulait la donner à son ami Ferri. J'en serais enchanté parce que Ferri est un brave et galant homme et que Ghedini doit être prudent et se défier de la tourbe des intrigants français et italiens qui ne manqueront pas de se ruer sur cette riche proie; et comme mes intérêts sont tellement liés avec ceux de Severini qu'ils ne font en réalité qu'un, il est essentiel que cette affaire soit traitée par d'honnêtes gens.

Rien n'est encore décidé pour le sort futur du Théâtre-Italien. C'est la Commission de surveillance de l'Opéra qui est appelée par le ministre de l'Intérieur à donner son avis sur cette affaire. Vous savez qui la compose. La majorité est ennemie mortelle du Théâtre-Italien. Viardot y a comparu il y a deux jours en mon nom, car je suis toujours cloué dans mon lit par mes blessures et la goutte. Il a été parfait, et, par la solidité de ses arguments, il a parfaitement établi la validité de mes droits; il m'a placé sur un très bon terrain et les a laissés fort embarrassés sur le parti à prendre.

Voici le projet en faveur : Crosnier veut avoir la salle Favart pour y mettre son Opéra-Comique. Il offre de la reconstruire à ses frais pour en jouir pendant quarante et un ans au bout desquels elle ferait retour à l'État. Ce projet est soutenu par Montalivet qui est sous l'influence de la Damoreau, ennemie mortelle des Italiens. On mettrait le Vaudeville au théâtre de la Bourse. Resterait Ventadour pour les Italiens. Cette salle bâtie pour l'Opéra-Comique conviendrait assez mal au public des Italiens par la distribution des loges; en outre, les abords sont détestables pour les voitures.

En attendant qu'il y ait quelque chose de décidé, je marche à Ventadour, à travers d'immenses difficultés. Voilà la quatrième représentation. J'ai joué trois fois les Puritains et une fois Norma. Demain il Matrimonio qui, avec Norma, me fera une semaine. Puis, lundi, bénéfice de Rubini avec Lucia qui fera la semaine suivante. Il faut tout refaire à neuf, costumes et décors, tout étant brûlé. Jugez des frais et surtout des peines; c'est un vrai miracle de marcher. Que n'êtes-vous ici, cher maestro, pour me diriger dans cet horrible gâchis ! Votre présence serait pour moi la providence, surtout avec la bonne disposition d'Aguado pour le Théâtre-Italien. Mon pauvre frère va de mal en pis et j'ai lieu de craindre un nouveau malheur. Il est maintenant dans un état de faiblesse qui me fait frémir. Qu'ai-je donc fait pour être si cruellement accablé? Quelle rude épreuve !

« L'ami Brillantais » prêtait même des meubles à Robert qui, au premier moment, se trouvait dépourvu de tout, et au milieu de tous ses tracas le directeur des Italiens devait s'occuper des pompes à incendie à installer dans les caves de Ventadour aux termes de son nouveau traité. Il devait aussi trouver un logement pour Ghedini qui s'était décidé à venir à Paris afin d'étudier de plus près la succession de Severini.

Le 15 février, Robert était admis au compte courant de la Banque de France, ce qui lui ouvrait un certain crédit.

L'ami Renard du Consulat de France aux Iles Baléares écrit sa joie de savoir Robert et son frère sauvés du péril et son chagrin de la perte de Severini, « le régisseur par excellence ».

Le 24 février, Robert annonce à Rossini que les représentations continuent avec succès à Ventadour et que le répertoire se compose de quatre pièces. La Persiani a obtenu un triomphe dans *Lucia* ainsi que Rubini.

On donne ce même jour la première de *Parisina*. C'est le premier ouvrage nouveau de la saison et il a été possible de le monter parce que les décors entièrement terminés étaient restés à l'atelier. Les artistes se conduisent admirablement et montrent un dévouement au-dessus de tout éloge.

Enfin, tout marche, dit-il, excepté moi qui suis forcé de garder de nouveau le lit. J'ai voulu sortir trop tôt; mes blessures aux jambes se sont rouvertes; voilà quinze jours que je ne puis quitter le lit, et j'ai là, à côté de moi, mon pauvre frère qui se meurt, car je n'ai plus d'espoir de le sauver et je crois bien qu'il aura vécu quand vous recevrez ma lettre. Ah! cher maestro, que n'êtes-vous ici! Combien vos sages conseils, votre sagacité me seraient précieux! Au moins si vous ne venez pas, écrivez-moi donc, je vous en conjure. J'attends vos réponses avec bien de l'impatience.

Bientôt mourait Robert aîné, et c'est en ces termes émus que son frère en annonçait la nouvelle à la princesse Belgiozoso :

Chère princesse, combien je suis touché de la part que vous prenez à mon dernier malheur et combien les marques d'amitié que vous me donnez me sont précieuses et adoucissent le cruel chagrin que me cause cette dernière perte! J'avais été si heureux de faire revenir mon frère auprès de moi, dès que la fortune m'avait traité plus favorablement! Je comptais finir mes vieux jours avec lui, une fois retiré des affaires... La Providence en a décidé autrement, il faut bien se soumettre; mais c'est bien dur! Et ce dernier coup, après une aussi grande catastrophe, après surtout être échappés tous deux si miraculeusement, m'a été bien cruel.

La *Parisina* de Donizetti, dont le succès fut assez vif, devait être la seule œuvre montée par Robert à Ventadour. Il continua sa saison sans enthousiasme, occupé surtout à sauver son avoir, à reconstituer sa fortune, à débrouiller la succession Severini.

Notons, vers la fin du printemps, la réponse assez typique de Robert à la lettre d'un M. Rattier qui lui a présenté une partition de Weber intitulée : *les Deux Figaro*.

J'ai examiné avec beaucoup de soin la partition que vous avez bien voulu me confier. La musique m'en paru bien faite et contenir de jolis morceaux. Malheureusement, les deux principaux rôles, celui de la prima donna et celui du primo tenore sont écrits beaucoup trop bas et ne pourraient convenir aux moyens de Rubini et de Mmes Grisi ou Persiani, ce qui me rendrait impossible l'exécution de cet ouvrage, *car la première condition d'un opéra est d'être adapté aux moyens des premiers sujets, surtout de la prima donna et du primo tenore.*

Qu'était-ce que ces *Deux Figaro?* Aucune biographie de Weber, croyons-nous, n'en fait mention.

En juin, Viardot quitte momentanément Paris, et Robert lui écrit que Cavé lui a lu un rapport fort bien fait, tendant à établir la nécessité, pour le bien des deux établissements, d'installer les Italiens à l'Opéra à dater d'octobre, en les faisant alterner avec l'opéra français. On ne donna pas suite à ce projet, et, le 25 juillet, Robert écrit à Rossini que ses tribulations continuent. Il est forcé de se réfugier à l'Odéon. Ce qui le console, c'est que les dilettanti ne semblent guère s'inquiéter du voyage, puisque, chaque jour, il arrive de nouvelles demandes pour la location des loges. Viardot revient de Londres où il a renouvelé les engagements des premiers artistes. Il y a une foule de projets pour l'avenir.

Un moment, dit-il, il a été question de nous envoyer à l'Opéra, mais à cette nouvelle, les illustres Meyerbeer, Halévy, etc., les chanteurs, acteurs, etc., ont pris la fièvre de la concurrence. Ce projet souriait à tout le monde dilettante, le ministre lui-même ne s'y opposait pas. Mais, attendu toutes les criailleries, on n'y a pas donné suite. Vous voyez, ajoute-t-il, que nous avons pas mal de besogne et de soucis de tous genres ; mais avec de la patience, et j'en ai acquis dans la vie que je mène depuis six mois, et la persévérance que vous appelez ma rage directoriale, j'espère bien arriver à bon port.

Lorsqu'il écrivit cette lettre, Robert songeait-il sincèrement à continuer jusqu'à la fin de son bail l'exploitation des Italiens? Ce qui est certain, c'est qu'au début de la saison 1838-1839, les journaux annonçaient que Viardot prenait la place de Robert, et, le 20 octobre, celui-ci recevait de son ancien camarade Durocher la missive que voici :

Mon cher Robert, il y a déjà quelque temps que mon journal *la Presse* contenait un article ainsi conçu : « M. le Ministre de l'Intérieur vient de nommer M. Viardot directeur du Théâtre-Italien en remplacement de M. Robert. » Habitant la campagne, je ne me suis pas trouvé à portée de remarquer si d'autres journaux avaient aussi répandu cette nouvelle. Dans tous les cas, je m'adresse directement à vous pour savoir positivement à quoi m'en tenir à ce sujet. Vous ne doutez pas de l'intérêt que je prends à ce qui vous regarde. Si vous vous étiez décidé à céder vos deux années de jouissance pour vous reposer sur vos lauriers et goûter à la fin de votre carrière le *farniente* complet, je n'aurais pas en conscience l'idée de vous blâmer, tant s'en faut, car enfin, frère, je ne dirai pas *il faut mourir*, cela est trop commun et surtout trop triste, mais il faut faire une fin, et, à notre âge, il faut travailler à vivre vieux et à bien employer les jours qui nous sont comptés. A vingt ans on croit avoir devant soi un siècle; à soixante, c'est bien différent. Or, une direction et quelques virtuoses comme feu la Malibran d'honorable mémoire, ce n'est pas là ce qui fera mourir vieux le *maestro* directeur. Actuellement vous êtes assez riche pour vivre sur le velours, soigner la goutte et votre estomac.

Les bruits qui couraient n'étaient pas dépourvus de fondement. Le 8 novembre 1838, Robert adressait au ministre la lettre suivante :

MONSIEUR LE MINISTRE,

Aux termes de l'arrêté ministériel du 20 août 1834, portant concession en ma faveur du privilège de l'exploitation du Théâtre Royal de l'Opéra Italien de Paris, je dois diriger cette exploitation jusqu'au 30 septembre 1840.

Mon désir a été de continuer jusqu'à l'expiration de mon traité à satisfaire avec un zèle plus d'une fois couronné de succès, à mes engagements envers l'État et envers le public distingué qui a pris depuis huit ans un si vif intérêt à cette belle entreprise théâtrale.

Mais les malheurs qui m'ont successivement frappé me déterminent à ne pas rejeter l'occasion qui m'est offerte en ce moment de résigner cette Direction.

La haute protection dont vous m'avez honoré avec une si constante bienveillance, Monsieur le Ministre, je viens la réclamer encore. Je viens vous prier de vouloir bien adhérer à un arrangement qui concilie les intérêts de l'État, de l'Art, les miens propres, et ceux de l'Administration nouvelle qui demande à se produire sous vos auspices.

M. Louis Viardot dont vous connaissez la position et l'aptitude consent à prendre mon lieu et place pour le temps à courir jusqu'au 30 septembre 1840.

M. Viardot, depuis l'incendie de la salle Favart, a bien voulu, vous le savez, Monsieur le Ministre, m'accorder son concours habile. Musicien, littérateur, homme du monde, il a fait preuve de savoir dans l'art musical, d'expérience dans l'administration, d'une grande entente de la scène lyrique. Ses relations, soit avec le public qui fréquente ce théâtre, soit avec les compositeurs et les artistes, ont été d'une heureuse influence dans son officieuse collaboration pendant la saison dernière. Vous trouverez en lui, Monsieur le Ministre, toutes les garanties que vous pouvez désirer dans le Directeur de l'un des plus importants de nos théâtres royaux, et vous pouvez être persuadé que ce choix sera généreusement goûté.

Confier à mon collaborateur, M. Louis Viardot, la direction d'une entreprise que je ne résigne qu'en sa faveur, telle est la demande que j'ai l'honneur de vous faire. J'aime à croire, Monsieur le Ministre, que vous y donnerez votre assentiment.

Ce n'est pas sans un très vif regret, je l'avoue, que je renonce à l'exploitation d'un théâtre qui, sous ma direction, par un concours heureux de circonstances, a obtenu tant d'éclat, offrant aux amateurs éclairés de l'Art la réunion la plus complète qui ait jamais existé à Paris des talents les plus distingués et les plus variés; mais je cède aussi à la pensée que M. Viardot, mieux que tout autre, saura conserver au public français cette réunion si rare de nos artistes que nous envient les théâtres des autres capitales de l'Europe.

Je suis avec respect,

Monsieur le Ministre,

Votre très humble et très obéissant serviteur,

ROBERT,

Directeur du Théâtre Royal Italien de Paris.

Le départ de Robert avait pour cause non avouée la suppression de la subvention, suppression qui fut déterminée par les promesses fallacieuses des compétiteurs de tous genres. C'est ainsi qu'un certain Cambiaso avait, le 4 juin 1838, fait distribuer à tous les députés une circulaire imprimée dont la teneur mérite d'être rapportée, car elle n'est point connue et c'est elle pourtant qui a dû entraîner le vote des Chambres :

MESSIEURS LES DÉPUTÉS,

J'ai eu l'honneur de soumettre à M. le Ministre de l'Intérieur une proposition pour l'exploitation de l'Opéra-Italien à Paris.

Après l'incendie de la salle Favart, MM. les architectes de la Commission des Bâtiments Civils de l'État ayant fait un plan pour la reconstruction de cette salle avec façade monumentale sur le boulevard, j'ai proposé à M. le Ministre de la faire exécuter, s'il voulait m'accorder le privilège de l'Opéra-Italien à Paris pour cinquante ans et une somme annuelle de cinquante mille francs pour indemnité de l'achat de la maison située sur le boulevard qui devrait être réunie au théâtre, et qui serait acquise à l'État après l'expiration du privilège. J'ai fait connaître aussi à M. le Ministre qu'une Société de banquiers et de capitalistes se chargeait de faire les fonds nécessaires, si le cahier des charges ne présentait pas de conditions trop onéreuses, et si par l'inspection du plan on avait pu s'assurer que la dépense pour la construction ne dépasserait pas les prévisions des architectes de la Commission qui l'ont évaluée à deux millions cinq cent mille francs.

J'ai finalement déclaré à M. le Ministre que ma proposition n'était pas définitive, mais que j'étais disposé à accepter des modifications, et que je m'en rapportais à son équité.

Voyant ma proposition écartée, je crois nécessaire de la porter à la connaissance de messieurs les députés, auxquels un projet de loi relatif au Théâtre-Italien va être présenté, et je me permets d'ajouter que la faveur dont jouit ce théâtre, faveur qui augmenterait encore en raison des améliorations importantes qu'une administration éclairée pourrait y apporter, la met à même de se passer des secours du Gouvernement.

Tous ceux qui ont suivi avec attention les progrès de l'art musical dans cette capitale, et qui ont remarqué le haut degré de prospérité auquel l'administration de feu M. Severini était parvenue, partageront avec moi la conviction que le Théâtre-Italien peut se suffire à lui-même et qu'il n'a pas besoin de subvention, ni de la jouissance gratuite d'une salle appartenant à l'État.

Dans le cas où le Gouvernement persisterait à repousser le projet de la Commission des Bâtiments Civils, je demande l'autorisation de construire un théâtre dans le genre italien, aux frais d'une Compagnie, dans un des beaux quartiers de Paris, moyennant un privilège de quarante ans sans subvention, et pourvu que le cahier ne soit pas plus onéreux que quand il était subventionné.

Bien que démissionnaire, Robert continuait à se rendre utile à son successeur pendant cette saison 1838-39 qui ne devait pas être brillante, et qui allait forcer Viardot à se retirer lui-même.

Au mois de mars 1839, à la fin de la saison odéonienne au cours de laquelle on avait créé *Roberto Devereux* et *l'Elisir d'amore*, Robert annonçait lui-même qu'il s'était libéré de toute affaire théâtrale. Il écrivait à « sa chère madame Rossini » en lui envoyant son portrait par l'intermédiaire de Ferlini qui rentrait à Bologne. Il s'excuse ne sachant s'il a répondu régulièrement aux lettres de sa correspondante. En tout cas, elle lui pardonnera, en raison des travers, des malheurs essuyés, des calamités subies coup sur coup, des affaires absorbantes et des ennuis de tous genres.

Avec du courage, de la ténacité, il a mis ordre à ses affaires; et après de si grands malheurs il est enfin arrivé à bon port. Il n'est plus *Impresario in angustie*, dieu merci !

Le même jour il écrit à son ami Fiou, son ancien correspondant, qui après avoir été le concurrent de Barbaja l'avait remplacé près des principaux directeurs, et à M. Lebon, qu'il a décidé de partir. A l'Odéon, les Italiens ne présentent aucun avenir; il a jugé qu'il était temps d'abdiquer pour ne pas compromettre ses intérêts, et maintenant il peut jouir en paix du fruit de ses travaux.

Telle est cette correspondance que, sans rien omettre d'essentiel, nous avons tenté de résumer sous une forme aussi brève que possible. En soulignant à cette place ce qui en fait à nos yeux la valeur, nous risquerions de tomber dans des redites, puisque nous avons déjà marqué la nature et le degré d'intérêt que comporte chacun de ces éléments. Dominée toujours par la souriante, mais malgré tout imposante figure de Rossini, l'histoire de la direction Robert et Severini, aussi bien par l'importance de quelques-uns des résultats obtenus que par l'originalité des personnages qu'elle met en cause, était peut-être digne d'obtenir une place dans la chronique pittoresque et anecdotique du théâtre.

SALLE FAVART

Avant-scène. Détail de la moitié inférieure d'une des trois divisions.

Composé et dessiné par HITTORFF et LE COINTE.

CHAPITRE III

COUP D'ŒIL D'ENSEMBLE SUR LE RÉPERTOIRE

Nous avons cité précédemment une lettre collective, adressée à la Direction des Italiens, pour réclamer la reprise ou tout au mois la remise sur l'affiche du *Barbier*, à l'égard duquel, nonobstant des représentations très nombreuses, aucune lassitude ne se manifestait dans une très importante partie du public d'alors. La transition entre notre deuxième et notre troisième chapitre nous serait fournie par deux lettres analogues, plus dignes d'attention peut-être, en ce sens qu'elles portent la signature d'individualités authentiques, tandis que l'autre émanait d'un groupe peut-être imaginaire. Datéé du 9 mars 1838, la première des missives auxquelles nous faisons allusion vaut selon nous, par un tour déjà archaïque et vaguement prudhommesque, d'être placée, — toujours à titre de document plus ou moins plaisant — sous les yeux de nos lecteurs. La voici :

MONSIEUR,

Depuis longtemps le public s'étonne de l'espèce d'oubli où vous laissez languir les opéras de Rossini ; maintenant que la clôture du Théâtre-Italien approche, les regrets deviennent chaque jour plus fréquents et plus vifs. J'espère, Monsieur, que vous ne démentirez pas ici la sollicitude que vous avez toujours mise à satisfaire les vœux du public, dont je me fais aujourd'hui l'organe, et que nous aurons encore une fois le plaisir d'applaudir les beaux talents de l'Italie dans un des chefs-d'œuvre du fameux maestro.

J'ai l'honneur, Monsieur, d'être, avec le plus profond respect, votre très humble serviteur.

ALCIDE DE VIOLET.

Le signataire, on le voit, a la particule. Quelques jours plus tard, un autre correspondant, pourvu de plus d'un titre de vicomte, fait parvenir une réclamation du même ordre, mais cette fois en faveur de Bellini. C'est encore un texte, pittoresque à sa façon, qu'il vaut mieux transcrire qu'analyser :

MONSIEUR LE DIRECTEUR,

Convaincu que dans toutes vos représentations les suffrages du public vous sont assurés, je vous prie au nom d'une société d'amateurs d'avoir la bonté de donner dimanche prochain la *Norma*. Nous souhaitons ardemment qu'aucun obstacle ne s'oppose à nos désirs.

Votre très humble et tout dévoué serviteur.

LE Vte D'HERBAUVILLIERS.

Il est regrettable que la correspondance que nous avons dépouillée ne nous ait pas fourni une troisième épître, écrite par un « Donizettiste ». Nous aurions eu ainsi un tableau complet du goût du public d'alors, voué à l'admiration à peu près exclusive de ces trois maîtres. C'est en effet ce triple répertoire qui tient presque toute la place, comme il est aisé de s'en convaincre en examinant précisément la dernière année de la gestion Robert, en 1839. En dehors de six soirées pour *Don Juan*, autant pour *les Noces de Figaro*, et trois pour une certaine *Inès de Castro*, opéra oublié, et très digne de l'être, de Persiani, que nous offre cet exercice? 33 représentations pour Rossini, avec *Otello*, *la Donna del lago*, *la Gazza ladra*, *la Cenerentola* et le *Barbier*; — 29 représentations pour Donizetti, avec *Roberto Devereux*, *l'Élisir d'amore* et *Lucie*; — 17 pour Bellini avec *la Somnambule*, *Norma* et *les Puritains*.

Rossini, comme on le voit, arrive encore bon premier; mais il ne règne plus sans partage, comme cela se produisait par exemple en 1822, où, sur 154 soirées, il en occupait 119, avec 8 pièces sur 16, et en 1825, où, bien que la première faveur du public se fût un peu apaisée, il avait encore à son compte 121 soirées sur 174, avec 10 pièces sur 20.

Ce qu'avait été l'enthousiasme de toute l'Europe pour Rossini, nous avons eu l'occasion de le dire, à maintes reprises, dans des ouvrages antérieurs. Les partitions mêmes de quelques-unes de ses œuvres hâtivement écrites pour les théâtres d'Italie ne diminuaient pas son prestige, suffisamment justifié, d'ailleurs, par son incontestable génie. Non moins prodigieuse fut la vogue dont bénéficièrent Bellini et Donizetti. Avec quelle emphase ne les a-t-on pas célébrés alors! N'est-il pas curieux, à titre de spécimen, de voir ce qu'a pu dire d'eux Xavier Aubryet, dilettante assez sévère, se considérant comme rebelle à la petite musique, et résolument hostile à la manière d'un Adolphe Adam. Il s'épuise en louanges, plus ou moins bizarres, sur les deux compositeurs; il les appelle: l'un, l'élégiaque Bellini, Rossini-bémol; l'autre, le doulou-reux Donizetti, Rossini-dièse. « Il semble, ajoute-t-il, que la nature les ait greffés d'elle-même sur leur tige originelle. Je ne parle pas de leur disproportion : le tronc musical de

ZINGARELLI

Rossini a vingt siècles de diamètre; c'est Jupiter qui planta ce colosse végétal; Donizetti et Bellini n'ont été semés que mille ans plus tard et par une main chrétienne... Bellini a le suc des roses de Bengale; c'est le vrai parfum de l'âme dans un baiser qu'on envoie du bout des doigts; Donizetti, c'est la saveur de la rose poivrée; c'est l'ardente effluve des sens qu'exhalent deux bouches qui se fondent!... » Ce n'est évidemment pas comme modèle de style que nous transcrivons ces lignes dues à un auteur qui écrivit souvent

MAYR

PAËR

SPONTINI

d'une façon plus nette et plus française, mais dont les exagérations mêmes et les puérilités donnent bien, sur ce point précis, la note exacte du dilettan-tisme de cette époque.

Sans doute ce fanatisme général s'amortit peu à peu. Insensiblement, comme toujours, le temps se chargea de mettre la pédale sourde. Cependant, en 1866 encore, nous voyons que Donizetti a défrayé plus du tiers des repré-sentations des Italiens. Qui nous l'apprend? C'est le témoignage non plus cette fois d'un affamé trouvant que ce n'est pas assez, mais plutôt d'un grincheux qui juge que c'est trop. Peu importait du reste le point de vue du critique, Johannès Weber. Ce qui compte, c'est le fait, d'autant plus significatif qu'il concorde avec le moment de la grande vogue de Verdi, à son tour « maître de l'heure », et arrivant, dans la pratique, à évincer presque tous ses prédécesseurs.

Un trait assez amusant montre jusqu'où s'élevait encore, à la fin du Second Empire, l'admiration pour Donizetti, et avec quelle sorte de religieux respect sa musique était envisagée! Sans avertir le public, on avait (ce n'était pas une innovation d'ailleurs mais le retour à un usage déjà pratiqué) coupé dans *Lucie* le duo d'hommes qui précède d'assez près comme on sait le fameux air final, pour l'exécution duquel ce duo a l'inconvénient de fatiguer inutilement le ténor. Il y eut des protestations indignées. Des spectateurs réclamèrent leur argent avec autant d'insistance que si on les avait frustrés d'un morceau hors ligne. A partir de ce moment on prit la précaution, quand on donnait l'ouvrage de Donizetti, de spécifier sur l'affiche que le duo en question ne serait pas exécuté. Il est clair qu'aujourd'hui le même retranchement passerait, selon toute vraisemblance, inaperçu.

Autre indice, de moins d'importance sans doute, mais qui pourtant a bien aussi sa petite valeur, de la vogue dont jouissait alors l'auteur de *la Favorite*. C'est, d'une part, *Lucrèce Borgia*, de l'autre *Lucie*, qui furent données par les deux troupes de passage, peu brillantes d'ailleurs, qui se produisirent l'une, en 1866, à l'Athénée-Saint-Germain, l'autre, en 1874, à l'Athénée tout court; cette dernière était dirigée par le maestro Graffigna, auteur d'une *Duchesse de San Juliano*, fraîchement accueillie au vrai Théâtre-Italien en 1865. Y a-t-il d'ailleurs si longtemps que, grâce à la remarquable troupe recrutée par M. Sonzogno, on a vu, à la Gaîté, le succès et les recettes venir non seulement à *Lucie*, mais même à *Marie de Rohan* et à *Linda?*

En résumé, à dater du jour où Rossini s'empara de la scène française, il n'y eut plus que lui, puis Bellini et Donizetti, puis enfin Verdi, pour régner soit alternativement, soit parallèlement au Théâtre-Italien. En 1857, par exemple, sur 95 soirées — si l'on excepte 6 représentations de *Don Juan* — cette « tétrarchie » tient exclusivement l'affiche. Seuls, deux compositeurs italiens postérieurs à Rossini ont remporté sur cette scène un succès durable. Et encore faut-il dire deux compositeurs!... C'est un peu comme quand Figaro dit au notaire « elles ne sont qu'une ! » Il ne s'agit en tout cas que d'un seul ouvrage, dû à la collaboration fraternelle des deux Ricci. A côté des quatre compositeurs dont il vient d'être parlé, ils réussirent à ménager une place pour leur gracieux et pimpant *Crispino*. La même fortune échut, avec *Martha*, à Flotow, de nationalité allemande. Après cela, la liste est close.

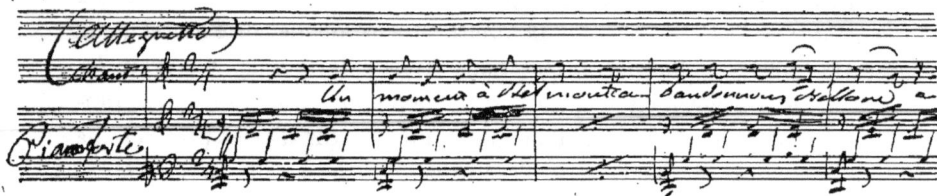

ÉCRITURE MUSICALE DE CARAFA
Chanson composée pour le Roi Murat pendant la campagne de Russie.

Des Mercadante, des Pacini, des Pedrotti, des Cagnoni, pour ne citer que des noms célèbres, aucun ouvrage n'a pu se maintenir sur l'affiche.

Si, au milieu de cette élimination presque générale, Rossini a dû, dans une certaine mesure, partager l'empire avec trois contemporains, nés graduellement après lui, on peut dire qu'à l'égard de ses prédécesseurs, au moins dans le domaine de la musique italienne, il avait opéré une suppression ou destruction cette fois totale et n'admettant pour ainsi dire aucune réserve.

Rien, à ce sujet, n'est plus caractéristique que la comparaison entre ce qui se jouait *avant* lui et ce qui se jouait en 1830, c'est-à-dire dans l'instant où *Guillaume Tell* venait de commencer, d'une manière splendide, sa carrière théâtrale.

Nous nous sommes amusé, à cet effet, à classer par

PAVESI

année de naissance les noms des compositeurs antérieurs à Rossini dont les œuvres figurent sur notre tableau. Voici cette liste :

Pergolèse (1710), 1 ouvrage; Gluck (1714), 1; Guglielmi (1721), 4; Anfossi (1727), 1; Sarti, le maître de Cherubini (1729), 2; Paisiello (1741), 14; Cimarosa (1749), 15; Salieri (1750), 2; Zingarelli (1752), 2; Bianchi (1752), 3, et non pas 1 comme le dit Fétis qui omet notamment la *Semiramide* de ce compositeur, un des 36 opéras — et peut-être en oublions-nous — inspirés par la reine fameuse... et peut-être mythique; de Winter (1754), 1;

Martin y Soler(1754), 2; l'un de ces deux ouvrages est *la Cosa rara* (dont Mozart a fait figurer un motif dans *Don Juan); Mozart* (1756), que précisément l'ordre des dates amène au moment même où il vient d'être question de lui, 4; Trento (1761), 1; Cimador (1761), 1; Portogallo (1762), 5; Palma (1762), 1; Marcello di Capua (1762), 1; Mayr (1763), 6; Guglielmi fils, appelé aussi Guglielmini, dont *la Vedova capricciosa* a passé pour être de son père (1763), 2; Federici (1764), auteur d'une *Zaïre* pourvue de ce sous-titre assez inattendu, *ossia il Trionfo della Religioni*, 1; Weigl (1766), 2; Nasolini (1768), 4; Asioli (1769), qui, à dix-huit ans, avait, dit-on, écrit 5 messes, 24 morceaux religieux, 2 ouvertures, 11 airs détachés, des chœurs, 3 intermèdes, une cantate, 1 oratorio, 3 opéras bouffes et nombre de morceaux de musique de chambre, 1; Farinelli (1769), 2; Fioravanti (1769), 4; Gnecco (encore en 1769, une année riche en compositeurs, certains historiens donnent, il est vrai, comme date de naissance de Fioravanti l'année 1764), 2; Beethoven (1770), 1; Paër (1771), 6; Giuseppe Mosca (1772), qui se vantait de l'invention du *crescendo* attribuée généralement à Rossini, et se prétendait en quelque sorte le Christophe Colomb de ce continent dont l'autre n'était d'après lui que l'Améric Vespuce, 1; Liverati (1772), 1; Spontini (1774), 2; Garcia (1775), 3, parmi lesquels *le Calife de Bagdad* qui compte dans les malheureux essais de partitions italiennes sans récitatifs; Luigi Mosca (1775), 1; Orlandi (1777), 1; Puccita, accompagnateur aux Italiens comme l'avait été G. Mosca (1778), 5; Pavesi, producteur si fécond, que, dans sa vieillesse, il ne se rappelait plus les titres de quelques-unes de ses œuvres (1779), 2; Coccia, mort à l'âge de quatre-vingt-onze ans — ses œuvres ont eu la vie moins dure que lui — (1782), 1; Generali qui, comme Giuseppe Mosca, se flattait d'avoir été l'un des initiateurs du mouvement rossinien... avant Rossini (1783), 3; Morlacchi, auteur d'un *Barbier de Séville* qui, par une malchance assez caractérisée, fut joué juste un an avant celui de Rossini (1784), 1; Carafa qui, lui, eut la mauvaise fortune de faire, avant Donizetti, une *Lucie de Lammermoor* (1787), 1; Chélard (1789), 1; Vaccai (1790), 2; et enfin, avec un ouvrage, Meyerbeer, né le 23 septembre 1791, cinq mois avant Rossini qui naquit le 29 février de l'année suivante; ces deux hommes qui, à un moment donné, se partagèrent l'empire du théâtre musical étaient donc à peu près aussi étroitement contemporains que l'on peut l'être.

Sur la liste que nous venons de dresser figurent, non compris Rossini, 44 compositeurs représentés par 118 ouvrages. De tout cela, que reste-t-il en 1830 ?

Commençons par écarter Pergolèse et Gluck; *la Serva Padrona* de l'un, l'*Orfeo* de l'autre, ne figurant point d'ailleurs parmi les œuvres données avant 1830, ne furent joués depuis que, pourrait-on dire, tout à fait accidentellement. Pour *la Serva Padrona*, sa reprise italienne ne fut guère

COCCIA

motivée que par la fantaisie d'une « donna capricciosa », Mme Penco, son goût pour le rôle s'étant éveillé à la suite du succès que, sous la forme française, cet ouvrage venait d'obtenir à l'Opéra-Comique à l'occasion des éclatants débuts de Mme Galli-Marié. Au reste, la jolie œuvrette du compositeur napolitain bénéficiait alors d'une véritable vogue; il avait été question de la monter aux Bouffes; cela aurait fait trois respectives

GENERALI   *Servantes* comme on a eu parallèlement, un peu plus tard, les trois *Don Juan*. Quant à *Orfeo*, il reparaît seulement en 1889, au début de la série des représentations Sonzogno auxquelles nous avons déjà fait allusion; il s'agissait principalement d'y produire une interprète, Mlle Hastreiter, acclamée en Italie, mais qui ne retrouva pas à Paris le grand succès obtenu de l'autre côté des Alpes.

Laissons de côté Mozart qui, en dehors de *Don Juan*, ne fut, à partir de 1830, représenté que par *les Noces*, avec

MORLACCHI

treize représentations fort espacées, et par *Cosi fan tutte*, repris en 1862 pour un faible total de dix soirées. De même pour Beethoven et son *Fidelio*, non joué avant 1830, donné ensuite quatre fois seulement en 1852 et six fois en 1869, alors, il est vrai, avec une interprétation hors ligne, celle de Fraschini et de Mlle Krauss. De même enfin pour Meyerbeer; son *Crociato* n'est guère qu'un spécimen curieux de sa première manière;

VACCAI   il n'obtint en 1862 que deux représentations; personnellement, Meyerbeer aurait plutôt souhaité qu'on oubliât qu'il était le compositeur de cet ouvrage, ainsi que d'*Emma di Resburgo*, de *Margherita d'Anjou*.

tout son répertoire de jeunesse; dans le monde musical, à une certaine date, on prétendait que lorsque Meyerbeer était absent et qu'on voulait le faire revenir à Paris, le procédé le plus simple et le plus sûr était de le menacer de remonter le *Crociato*.

Si l'on met à part, comme il est légitime de le faire, ces huit pièces, que reste-t-il, en 1830, de tout ce répertoire, copieux et brillant, et qui, au moment où Rossini fit son apparition en France, n'avait encore rien perdu de son très réel attrait? Ce répertoire comprenait, incontestablement, un certain nombre de « chefs-d'œuvre » en leur genre, d'ouvrages typiques, fruits d'un art et d'un style qui avaient mis longtemps à mûrir. C'était une musique sans doute peu substantielle, peu chargée de matière, mais pleine de grâce et de facilité heureuse, de sensibilité discrète et délicate, parfois d'émotion fine, presque toujours de mouvement et de verve. Il est permis de regretter que tout cela ait été, en bloc et sans distinction, impitoyablement sacrifié à l'école alors nouvelle.

Rien, pour prendre un exemple, absolument rien n'a, comme on l'a vu, subsisté de l'un des trois représentants les plus fêtés de la musique italienne dramatique dans la seconde moitié du xviiie siècle, de ce vieux Guglielmi, qui avait récupéré son ardeur juvénile pour soutenir la lutte contre ses deux rivaux plus jeunes, Paisiello et Cimarosa. Un des plus beaux fleurons ou, si l'on veut, une des perles de son répertoire, *i Due Gemelli*, encore donnés *trente-trois* fois en 1807, disparaît complètement dès 1816.

Et Paisiello? Il ne doit un peu de « survie » — d'ailleurs bien relative et limitée — qu'à un désir analogue à celui de Mme Penco, de Mlle Krauss; princesse lyrique, elle aspirait à se produire dans un rôle enjoué, un peu comme Rachel, princesse tragique, voulant se mesurer au *Dépit amoureux*, ou comme Sarah Bernhardt abordant les rôles de Madelon et de Dorine; elle fut cause que l'on rejoua deux fois, en 1868 et en 1869, cette autre *Serva padrona* où Paisiello s'était, au surplus, montré si inférieur à Pergolèse.

De Cimarosa se maintint, encore à de trop longs intervalles, l'exquis *Matrimonio*, dont l'on conte qu'il fut à sa création à Vienne, devant Joseph II, l'objet d'une sorte de *bis* total et général, puisqu'il fallut, séance tenante, le recommencer d'un bout à l'autre. Ce charmant *Matrimonio* se joua encore en 1872 avec Mmes Penco et Alboni. Deux ans après, on reprenait *le Astuzie femminili.* Cet ouvrage élégant et spirituel, où, à cette reprise de 1874, se fit une dernière fois applaudir à Paris l'excellent *basso* Zucchini, n'avait pas reparu depuis 1815. Contentons-nous de mentionner ici l'unique représentation de *la Vestale*, de Spontini, donnée à l'Opéra, en 1909, par la troupe italienne de la Scala, dans des conditions tout à fait exceptionnelles.

Nous arrivons aux *Dii minores* non dépourvus souvent de qualités pré-

PACINI   MERCADANTE   LUIGI RICCI

cieuses, comme l'on s'en assure aisément en retrouvant, dans quelques recueils, telle ou telle page de l'un d'entre eux, écrite avec charme et souvent d'une excellente technique. De Fioravanti, l'on donne, en tout et pour tout, de 1842 à 1846, *quatorze* représentations des *Cantatrice villane*. De Gnecco, l'on joue de loin en loin, jusqu'en 1837, *la Prova d'un opera seria*, que, d'ailleurs, à partir de 1834, l'on ampute de deux actes sur les trois dont elle est composée. De Salieri, avec son *Tarare* transformé en *Axur*, et tant d'autres

FEDERICO RICCI   DE FLOTOW   CAGNONI

œuvres célèbres en leur temps ; d'Anfossi, à la réputation un moment très étendue et très bien établie ; de Zingarelli ; de Portogallo, dont nous avons étudié l'œuvre dans notre *Histoire de la Musique en Portugal ;* de Mayr, rien, ce qui s'appelle rien, ne surnage. Que dire de Paër qui, lui, le maître peut-être le plus brillant, le plus incontesté de l'école italienne au début du XIXᵉ siècle, avait eu l'ennui, comme on l'a vu, de présider, en qualité de directeur de la musique et de la scène, à la préparation des triomphes de celui qui l'annulait et l'évinçait ? Son répertoire est à vau-l'eau, y compris *Camilla*, si vantée, et cette *Griselda*, où Rossini, encore gamin, avait chanté le rôle de l'enfant.

Disparues à jamais tant de pièces débordantes de gaieté, dont les titres plaisamment pittoresques évoquent un monde analogue à celui de *la Commedia dell' arte* ou du théâtre de Goldoni et de Gozzi, une troupe bigarrée de barbons amoureux et jaloux, de coquettes rusées et félines, d'amants à sérénades, de valets peu scrupuleux, de suivantes délurées, de maris bernés, d'impresarios aux abois : *Il Matrimonio per raggiro, il Barone deluso, la Villa-nella rapita, l'Impresario in angustie, la Cappricciosa corretta, la Serva innamorata, la Modista raggiratrice, Oro non compra amore, la Capricciosa pentita, i Zingari in fiera*, au sujet desquels Napoléon, distrait, complimentait Paisiello d'un de ses morceaux..., qui était une intercalation d'une page de Cimarosa, *il Fanatico in berlina, il Pazzo per la musica, le Lagrime d'una vedova*, sans parler de tout un peuple de *Mithridate*, de *Roi Théodore*, de *Pyrrhus*, d'*Horace*, de *Pénélope*, de *Mérope*, de *Médée*, et autres illustrations historiques ou mythologiques. Une remarque assez importante doit trouver place ici : avant Rossini, une place prépondérante, par rapport à l'opéra séria, appartient à l'opéra bouffe. Rossini, lui, excelle dans ces deux genres. Il est alternativement l'homme du *Barbier* et de *Moïse*, celui de *la Cenerentola* et d'*Otello*. Mais, après lui, pour des raisons qu'il pourrait être intéressant de rechercher, le genre sérieux prédomine, et jusqu'au point d'accaparer à peu près toute la place disponible. De 1830 à nos jours, c'est à peine si sept ou huit ouvrages rentrent dans le genre franchement bouffe. Les autres, quand ils ne sont pas résolument dramatiques, ne se classent à tout le moins que dans le demi-caractère, avec une large part réservée à la sensibilité ou même à la sensiblerie, comme dans *la Sonnambula, Linda* et *Marta*.

On s'en rendra compte, d'ailleurs (les noms des auteurs rappellent ceux des œuvres) en parcourant la liste qui suit : elle complète, selon l'ordre chronologique des naissances, celle que, dans le même ordre, nous avons donnée plus haut. Elle sera le dernier usage que nous ferons de cette sorte de statistique, fort aride sans aucun doute, mais curieuse, malgré tout, car elle est éminemment suggestive.

Rossini, dont 20 ouvrages figurent sur notre liste, était né, avons-nous dit, en 1792; les 41 compositeurs postérieurs à lui dont des œuvres

figurent dans notre tableau doivent prendre rang dans l'ordre suivant :
Coppola (1793), 1 œuvre; Pacini (1796), 4; Mercadante (1797), 6;
Donizetti (1797), 19; Halévy (1799), 3; V. Fioravanti (1799), 1; Gabussi
(1800), 1; Bellini (1801), 7; Mela (1802), 1; Niedermeyer (1802), 1; Mar-
liani (1805), 2; Persiani (1805), 2; Mlle Bertin (1805), 1; L. Ricci (1805) et
F. Ricci (1809), 4; Nicolaï (1809), 1; Costa (1810), 1; de Flotow (1812), 3;

BOITO   LEONCAVALLO

Verdi (1813), 17; Alary (1814), 2; prince Poniatowsky (1816), 2; Graffigna
(1816), 1; Pedrotti (1817), 1; Graziani (1820), 2; Saint-Léon (1821), 1; Botte-
sini (1821), 1; Cagnoni (1828), 1; Braga (1829), 1; Mme de Grandval (1830), 1;
Mattiozzi (1832), 1; Théodore Dubois (1837), 1; Bizet (1838), 1; Boito (1842), 1;
Massenet (1842), 1; Villate (1851), 1; Leoncavallo (1858), 2; Puccini (1858), 3;
Mascagni (1863), 2; Cilea (1863), 1; Orefice (1863), 1; Giordano (1868), 3;

PUCCINI   MASCAGNI   GIORDANO

Ne prenons pas congé de la statistique sans dire comment, au point de
vue de la nationalité, se groupent les 86 compositeurs joués au Théâtre-
Italien de 1801 à 1913 : Italiens, 63 (que nous n'énumérerons pas); Alle-
mands, 9, Gluck, de Winter, Mozart, Mayr, Weigl, Beethoven, Meyerbeer,
de Flotow, Nicolaï; Espagnols, 2, Martin y Soler et Garcia; Polonais, 1,
Poniatowsky; Suisse, 1, Niedermeyer; Portugais, 1, Portogallo; Américain,
1, Villate.

C'est, pour ce qui nous regarde, au nombre de 8 que s'élèvent nos nationaux, — en y comprenant nos « nationales », car sur la liste figurent deux femmes. Nous inspirant d'un vers du *Pas d'armes du roi Jean* « Los aux dames ! » nous les nommerons tout d'abord : ce sont Mlle Bertin et Mme de Grandval. Auprès d'elles se rangent Chélard, Halévy, Saint-Léon dont le nom n'évoque ici que le souvenir d'un ballet sans importance ; puis Bizet, M. Théodore Dubois et Massenet, — ces trois derniers agrégés à ce groupe d'une façon pour ainsi dire accidentelle, et représentés par trois œuvres qui font le plus grand honneur à l'école française : les *Pêcheurs de Perles*, *Aben-Hamet* et *Hérodiade*.

SALLE FAVART
Fragment du rideau
Allégorie dessinée par HITTORFF

CHAPITRE IV

DEPUIS L'INSTALLATION DÉFINITIVE
A LA SALLE VENTADOUR

Demeuré seul directeur du Théâtre-Italien, par suite de la retraite de Robert, Louis Viardot se retira au mois d'octobre 1839. Il eut pour successeur Dormoy qui, deux ans plus tard, abandonnant l'Odéon, s'installa définitivement à la salle Ventadour, laissée libre par la déconfiture d'Anténor Jolly. Dormoy eut d'ailleurs à subir, de la part des propriétaires de l'immeuble, nombre de conditions abusives; ils se réservaient, par exemple, six loges, moins sans doute pour les occuper que pour en trafiquer. Après avoir dépensé près de trois cent mille francs pour la restauration de la salle, Dormoy devait bientôt céder l'affaire à Joseph Jannin, non sans rester, d'ailleurs, de la combinaison, avec Vatel, banquier, son bailleur de fonds.

La soirée d'ouverture, à la salle Ventadour, avait eu lieu, avec *Semiramide*, le 2 octobre 1841. Théophile Gautier l'a joliment racontée. Nous reproduisons une partie de son compte rendu, qui, sous une forme très heureuse, nous fait exactement voir ce qu'étaient la salle et les habitués d'alors. « Avant de parler des oiseaux, dit-il en commençant, disons quelques mots de la cage que l'on a faite aussi riche, aussi dorée que possible; car les Bouffes sont autant un salon qu'un théâtre, et leur public, presque entièrement composé d'hommes du monde, exige impérieusement toutes les recherches du confortable et de l'élégance. Le ton de la salle est or et blanc;

le fond des loges est grenat. La première galerie, qui a la forme d'une cor-
beille renversée, est en cuivre estampé dont les jours permettent d'apercevoir
le bas de robe des femmes assises derrière. Ainsi gare aux vilains pieds ou
aux souliers mal faits, ce qui est à peu près la même chose. Le plafond
représente un lacis de câbles dorés qui laissent voir un ciel de nuit étoilé.
Le rideau, dont la composition est un peu confuse, porte cette inscription rela-

LA SALLE DU THÉATRE VENTADOUR

tive à la musique : *Curarum dolce solamen*, maxime un peu mélancolique
pour être écrite sur un rideau de théâtre. »

Si « la cage » convient à Théophile Gautier, les décors et la mise en
scène sont loin de le satisfaire. « Dans quel théâtre forain, s'écrie-t-il, sup-
porterait-on des comparses si ridiculement fagotés ? Quant à la décoration,
un temple babylonien, le plus magnifique motif qui puisse se rencontrer

sous le pinceau d'un artiste, nous ne saurions mieux le comparer pour la couleur et l'ordonnance qu'à une grande charlotte russe cannelée de massepains ; pour achever l'illusion, les acteurs sont généralement coiffés de biscuits de Savoie dorés ou peints les plus ridicules du monde. »

UNE LOGE AU THÉATRE VENTADOUR

Ces critiques n'étaient que trop fondées. C'était un parti pris aux Italiens de négliger tout le côté de « réalisation ». Nous avons gardé, entre autres souvenirs, celui d'une certaine toile de fond imitant, avec une ingénuité déconcertante, une salle vue de biais. Très en faveur aujourd'hui, mais employée avec ingéniosité chez les Antoine et les Gémier, cette disposition a donné les meilleurs résultats. Dans le cas dont il s'agit, l'effet comique eût, pour tout spectateur non initié, paru irrésistible. Mais l'habitude est une seconde nature. Devant ce public d'abonnés ces énormités passaient inaperçues.

Lorsque le dernier directeur à peu près fixe, du Théâtre-Italien, M. Escudier, entra en fonctions, il annonça qu'il voulait rompre avec la tradition, si souvent raillée, de la mise en scène, gauche, inexacte, mesquine et sommaire, proscrire les anachronismes et les invraisemblances, respecter la couleur locale, etc. Mais à la première de *la Forza del destino* (et ce titre même prouvait que l'on ne résiste guère à la force de la destinée, que l'on ne remonte pas les courants), le public put constater que, conformément à l'esthétique naïve de jadis, la scène finale, qui se dénoue par une triple mort, avait pour assistants deux magnifiques laquais, chamarrés d'or sur toutes les coutures, en leur livrée postérieure d'environ deux siècles aux costumes de leurs maîtres, et tenant chacun, pour mieux éclairer cette scène de carnage, un superbe candélabre allumé.

Nous parlions à l'instant de direction *fixe;* mais il y aurait lieu, s'il était question de fixité, de considérer celle du local. Plus heureux que tant d'autres entreprises, les Italiens ont eu la chance de disposer pendant trente-sept ans de la même salle, merveilleuse comme acoustique, bien aménagée, aussi confortable qu'élégante. Cependant, en dépit de cet avantage (et de tant d'autres!), nous voyons les directeurs ne cesser de se plaindre que leur situation est difficile et périlleuse, etc. Si différents qu'ils soient entre eux par ailleurs, tous offrent, du moins à cet égard, une ressemblance parfaite. Leurs doléances s'exhalent dans une suite de pièces officielles curieuses, et qui ont, à tout le moins, l'attrait de l'inédit. Octave Fouque les avait cherchées vainement, et s'étonnait de manquer de tout document sur cette période. Plus chanceux que lui, nous pouvons mettre sous les yeux de nos lecteurs les pièces elles-mêmes, soit en les donnant *in extenso* quand leur intérêt le comporte, soit, pour éviter les longueurs et la monotonie, en nous bornant à en extraire les passages les plus saillants.

Nous allons précisément, à propos de Jannin dont il a été question un peu plus haut, nous trouver en présence d'une de ces pièces, assez intéressante celle-là, assez riche en détails topiques, pour être citée presque tout entière. A peine Jannin avait-il commencé son exploitation à Ventadour

MARIO DANS « L'ÉLISIR D'AMORE »

qu'il se rendait compte des difficultés matérielles auxquelles il se heurtait. C'est dans ces conditions qu'il écrivit au Ministre, le 14 novembre 1841, la lettre que nous venons d'annoncer.

Permettez-moi d'appeler votre attention bienveillante sur la situation du Théâtre Royal Italien; vous avez bien voulu, par décision du mois d'avril dernier, me confier la direction de ce théâtre. Depuis lors je me suis attaché, par de constants efforts, à justifier votre confiance. Mais les phases que cette exploitation théâtrale a subies depuis près de trois ans, l'expérience que je tente de nouveau moi-même en ce moment, doivent démontrer à Votre Excellence la nécessité du concours de l'État pour le soutien d'une entreprise dont la prospérité se lie si étroitement à tant d'intérêts généraux. Je viens, en conséquence, Monsieur le Ministre, solliciter de votre impartialité en faveur du Théâtre Royal Italien une part dans les fonds subventionnels que le Gouvernement affecte chaque année pour l'encouragement de l'art, au service des Théâtres Royaux.

Je n'ai à rappeler à Votre Excellence ni les services rendus au progrès de l'art musical en France par le Théâtre-Italien, ni les inconvénients qui résulteraient de l'interruption de cette exploitation théâtrale. Votre esprit de justice n'attendra pas l'explosion d'une catastrophe pour apprécier la situation et votre prévoyance éclairée saura conserver dans sa splendeur ce bel établissement et en prévenir la décadence.

Le Théâtre-Italien reconstitué par les soins de l'Empereur avait subsisté sur ses largesses; mais, abandonné plus tard à ses ressources, il n'avait pu se soutenir. La Restauration le releva et lui accorda une protection spéciale. Une salle fut achetée à grands frais; une direction fut créée sous les auspices et avec les fonds de la liste civile; enfin, lorsqu'en 1828 un système d'entreprise subventionnée fut substitué à une régie, une subvention limitée, mais suffisante, permit de réunir chaque année, à Paris, l'élite des artistes signalés à l'attention par les applaudissements de l'Europe.

Cet état s'est prolongé sous le Gouvernement de juillet pendant dix ans.

M. le Ministre au pouvoir en 1840 ayant retiré la subvention, M. Louis Viardot, directeur à cette époque, pria votre prédécesseur d'agréer sa retraite, ne voulant pas s'exposer aux chances de l'entreprise. M. Charles Dormoy, plus hardi que M. L. Viardot, crut pouvoir aborder une situation dont la prévoyance de son devancier avait apprécié les périls. Il avait accepté non sans hésitation la condition que lui faisait son privilège de transporter le siège de l'exploitation sur la rive droite de la Seine, espérant trouver dans cette facilité d'accès accordée aux habitudes du public une compensation aux sacrifices que lui imposaient la location de la salle Ventadour et l'agencement nouveau de ce théâtre. Averti à temps par sa propre expérience, M. Ch. Dormoy n'a pas persisté dans son entreprise, il a prié Votre Excellence de faire choix d'un directeur nouveau. J'ai cru pouvoir me charger d'une exploitation que les appréhensions de MM. Viardot et Dormoy laissaient vacante.

Pour satisfaire au goût d'un public éclairé et choisi, je n'ai reculé devant aucun sacrifice. J'ai retenu par des traitements élevés les artistes qui étaient en possession de sa faveur; si des célébrités musicales ne se sont pas aujourd'hui attachées à la troupe italienne de Paris, croyez-bien, Monsieur le Ministre, que j'ai épuisé toutes les voies qui pouvaient conduire à

LABLACHE DANS « OTELLO »

un résultat différent. Jamais le personnel n'a été choisi avec plus de soins, ni mieux rétribué. Jamais aussi il n'a été aussi nombreux. L'expérience que je fais me prouve, Monsieur le Ministre, que l'industrie privée livrée à ses seules ressources ne peut courir les chances de l'exploitation d'un Théâtre-Italien à Paris. Trop de sacrifices sont imposés pour obtenir le concours des premiers sujets que se disputent par des primes exagérées les théâtres étrangers et Votre Excellence n'ignore pas que ces théâtres sont eux-mêmes soutenus par des largesses royales ou par l'appui des grandes fortunes aristocratiques.

Une subvention même modérée, indemnisant du prix de location de la salle, donnerait à l'entrepreneur la sécurité qui lui manque; je suis prêt, Monsieur le Ministre, à vous faire connaître les produits et les charges de l'entreprise : tous les documents de mon administration sont à votre disposition et Votre Excellence trouvera du reste au Ministère les renseignements les plus précis sur la consistance des recettes et sur les dépenses supportées par les administrateurs qui m'ont précédé.

J'attends avec une respectueuse confiance la décision que Votre Excellence voudra bien prendre sur ma demande.

Je suis avec un profond respect, de Votre Excellence, Monsieur le Ministre,

Le très humble et très obéissant serviteur.

Il semble bien qu'en réalité les affaires des Italiens n'étaient alors guère prospères malgré la présence d'une troupe qui groupait les Grisi, les Persiani, les Albertazzi, les Mario, Lablache, Tamburini, Campagnoli, Morelli, etc. C'est alors que du 15 avril au 22 mai une troupe allemande, sous la direction de Schumann, vint donner des représentations lyriques.

Enfin en 1843 (1er octobre), M. Vatel, qui avait mis beaucoup d'argent dans l'affaire, prit à son tour la direction du Théâtre-Italien et fit débuter Ronconi dans *Lucie*. Au bout de quelque temps d'une gestion honorable il publia une supplique que nous croyons cette fois inutile de transcrire, parce qu'elle ne contient guère que des faits et des arguments déjà connus, quelques-uns même ressassés.

Durant leur séjour à l'Odéon, Robert et Viardot, puis Dormoy, avaient, sans parler de la peu significative *Inès de Castro*, déjà mentionnée, augmenté le répertoire de trois ouvrages de Donizetti, *Roberto Devereux*, *l'Elisir d'amore* et *Lucrezia Borgia*, et de la *Beatrice di Tenda* de Bellini. Rappelons qu'à la suite d'un procès gagné par Victor Hugo, fort tenace, on le sait, dans sa résistance à laisser dégénérer ses drames en livrets d'opéras, *Lucrèce Borgia*, lors de la reprise du 14 janvier 1845, devint *la Rinegata*. C'était peut-être bien là, disons-le en passant, un vague emprunt, du moins comme point de départ, au poète; car on se souvient qu'il est parlé dans *les Orientales* d'un certain fils de la « Renégate » qui, de par le droit de la rime, commande une « frégate » du roi maure Aliatar. Il était bien, en tout cas, question, dans *la Rinegata*, d'un roi Maure; mais il s'appelait Abdullah et avait pour épouse une nommée Zoraïde, remplaçante de Lucrèce Borgia. Quant aux Italiens de Ferrare, ils étaient travestis en Espagnols et transportés à Grenade. Pour le répertoire de Verdi, comme pour celui de Donizetti, on vit se produire des avatars analogues. Laissons de côté, pour le moment, *Rigoletto*, résultat de contestations identiques; mais signalons le cas d'*Ernani* qui ne fut pas toujours *Ernani*, mais parfois *il Proscritto*. Cette transfor-

UNE SCÈNE DE « L'ÉLISIR D'AMORE »

mation a même surnagé dans la version française du livret, et c'est sous cette forme étrange que l'ouvrage a été repris, récemment encore, au Trianon-Lyrique. Et puisque nous en sommes aux modifications de titres imposées par des auteurs réfractaires ou grincheux, n'abandonnons point ce sujet sans signaler une de ces baroques altérations, peu connue, et qui pourrait embarrasser les historiens du théâtre. Ils seraient exposés à rechercher ce qu'était une certaine *Villanella*, jouée le 7 juin 1865, et dont la brève carrière fut limitée à deux représentations. Ce n'était là, en réalité, pour *la Somnambule*, qu'un titre accidentel, imaginé pour échapper aux revendications de Mme Scribe. Celle-ci avait tenté de prohiber la mise à la scène de l'œuvre de Bellini, ainsi que de *l'Élisir* et d'*un Ballo*, en se fondant sur ce que ces poèmes n'étaient que des traductions d'œuvres de son défunt mari. Le Tribunal de première instance lui avait donné tort : la Cour d'appel lui donna raison. Le directeur d'alors, Bagier, porta l'affaire devant la Cour de Cassation. Nous croyons, d'ailleurs, que tout finit, avant arrêt, par s'arranger à l'amiable.

Donizetti, nous venons de l'indiquer, avait vu, à l'Odéon, trois nouvelles œuvres de lui prendre rang au répertoire, auquel, dans les premières années de l'installation à Ventadour, furent encore annexés : *Linda di Chamounix* (19 novembre 1842), remarquablement interprétée par Mario, Tamburini, Lablache, Mmes Persiani et Brambilla; — *Belisario* (24 octobre 1843), dont le sujet qui appartenait, avec le guerrier tendant son casque à l'aumône, au genre le plus authentiquement « pompier », excita les railleries d'une partie de la presse; — *Maria di Rohan* (14 novembre 1843), tirée d'*un Duel sous Richelieu*, de Lockroy, et destinée, comme *Linda*, à reparaître sur l'affiche; — et surtout *Don Pasquale* (3 janvier 1843), écrit spécialement pour Paris, et tenant chronologiquement la 61e place sur la liste totale, d'une dimension respectable, des 73 productions théâtrales du compositeur. La dernière de ces œuvres porte ce titre symbolique et mélancolique : *Ne m'oubliez pas !* Ne pas être oublié ! C'est tout ce qu'il y a de plus rare, et l'on a pu écrire de belles choses sur l'indispensable résignation à l'oubli. Toutefois, Donizetti n'est point, à cet égard, du nombre de ceux qui sont le plus à plaindre. En dépit de la dépréciation dont sa musique est l'objet, dans certains milieux, quelques-unes de ses œuvres sont demeurées au répertoire de maintes scènes lyriques, et il se passera sans doute de longues années encore avant que soit effacé le souvenir du sextuor de *Lucie*, du duo de *la Favorite* et des adieux de *la Fille du Régiment*.

Passons aux autres ouvrages représentés pour la première fois aux Italiens dans le même laps de temps : *la Vestale*, de Mercadante (23 décembre 1841)

VERDI

— ce titre paraissait à tel point la propriété exclusive de Spontini, que
le livret fut imprimé sous son nom le soir de la première ; la réussite
fut douteuse ; — *Saffo* (15 mars 1842), l'ouvrage le plus connu de Pacini,
succès également peu marqué, aussi bien ce soir-là qu'à la reprise de 1866,
reprise signalée par un bruyant et fâcheux éternuement de Phaon (Nicolini)
au moment précis où Sapho (Mme Lagrua) se précipitait dans la mer ;
jadis, dans un *Achille*, un autre éternuement, non moins intempestif et
désastreux, avait échappé au chanteur Tarulli, avec la circonstance aggravante qu'il représentait Patrocle mort.

N'oublions pas l'œuvre de Persiani, *il Fantasma* (14 décembre 1843),
titre fort convenable pour cet opéra, destiné, comme un véritable « fantôme »,
à une apparition très courte ; *il Corrado d'Altamura*, de F. Rici (2 mars 1844),
qui malgré des qualités réelles n'eut pas une existence beaucoup plus longue.
La pièce avait été d'ailleurs superbement jouée par Mmes Grisi et Brambilla,
par Ronconi et Mario di Candia, déjà nommé, charmant gentilhomme, très
goûté du public en cette qualité, mais qui, à cause de cela même, se permit
parfois, dans ses allures ou sa tenue, certaines libertés déconcertantes pour
bien des gens. Dans un concert donné à la salle Favart, devant la société de
Paris la plus *select*, comme nous dirions aujourd'hui, ne l'avait-on pas vu
paraître « en petite redingote, en cravate de soie », alors que le plus humble
choriste, ajoutait le journaliste auquel nous empruntons ces lignes, avait fait
les frais d'un habit noir et d'une cravate de cérémonie !

Il était alors, au delà des Alpes, un compositeur dont la réputation dans
toute l'Italie, si divisée à cette époque, était déjà considérable, compositeur
déjà beaucoup exécuté même en pays étranger, et dont la France, disait-on,
était à peu près seule à ne rien connaître.

En ce qui concerne ce maître, Verdi, satisfaction devait être donnée au
public, le 16 octobre 1845, avec *Nabucodonosor*, fort discuté comme l'on pouvait s'y attendre, mais qui, dans les impressions du public, classa, tout
compte fait, son auteur parmi les hommes de tout premier rang.

Nous avons dit quelle place énorme, prépondérante, devait, dans la
seconde partie du xixe siècle, occuper, au Théâtre-Italien, le répertoire de
Verdi. Pour rendre ce fait plus sensible, nous croyons devoir grouper, en
donnant la date de leur apparition aux Italiens, les noms de leurs principaux

interprètes et le total de leurs représentations, les œuvres du maître, exécutées à Paris en italien. Nous disons en italien, car quelques-unes, on le sait du reste, devaient être jouées, parallèlement et avec un non moindre succès, en français :

Nabucodonosor (16 octobre 1845), Corelli, Ronconi, Dérivis, Mmes Brambilla et Landi : 45 représentations ;

Ernani (6 juillet 1846), Malvezzi, Ronconi, Dérivis, Mme Brambilla : 93 représentations. « Pas une mélodie dans un opéra qui dure plus de trois heures », disait tristement, dans son compte rendu, l'excellent Paul Smith ;

I Due Foscari (17 décembre 1846), Mario, Colletti, Mme Grisi : 17 représentations ;

Luisa Miller (7 décembre 1852), Bettini, Susini, Mmes Cruvelli et Nantier-Didiée : 10 représentations ;

Attila (prologue dans lequel Mme Cruvelli fanatisa, dit-on, son auditoire, 17 mai 1853) : 3 représentations ;

Il Trovatore (23 décembre 1854), Beaucardé, Graziani, Gassier, Mmes Frezzolini et Borghi-Mamo : 278 représentations ;

La Traviata (16 décembre 1856), Mario, Graziani, Mlle Piccolomini : 148 représentations ;

Rigoletto (20 janvier 1857), Mario, Corsi, Mmes Frezzolini et Alboni : 208 représentations ;

Un Ballo in maschera (13 janvier 1861), Mario, Graziani, Mmes Penco, Alboni, Marie Battu : 95 représentations ;

I Lombardi (10 janvier 1863), Naudin, Bartoloni, Mme Frezzolini : 3 représentations ;

Giovanna d'Arco (28 mars 1868), Nicolini, Steller, Mlle Patti ; 3 représentations ;

Aida (22 avril 1876), Masini, Pandolfini, Ed. de Reszké, Medini, Mmes Teresina Stolz, Waldmann : 66 représentations ;

La Forza del Destino (31 octobre 1876 et non 6 octobre, comme le dit O. Fouque), Aramburo, Jean de Reszké, Pandolfini, Nannetti, Mmes Borghi-Mamo, Reggiani : 11 représentations ;

Simon Boccanegra (Gaîté, 27 novembre 1883), Maurel, Ed. de Reszké, Nouvelli, Mlle Fidès Devriès : 8 représentations;

Otello (Opéra, 13 avril 1897), Tamagno, Delmas, Vaguet, Gresse, Mme Rose Caron : 9 représentations;

Falstaff (Châtelet, 3 juin 1910), Scotti, Jadlowker, Campanari, Mmes Alten, Alda, Homer : 3 représentations ;

Don Carlos (Gaîté, 2 juin 1911), Chaliapine, Fazzini, Stracciari, Bouvet, Mmes Brozia, Olchanski : 2 représentations.

Soit un total de 1.002 représentations d'œuvres de Verdi en italien.

Nous venons de faire allusion aux difficultés auxquelles s'était heurtée l'exécution de certaines de ces œuvres par suite de leur extraction originaire d'un ouvrage littéraire français. Nous n'avons guère insisté sur ces points fort connus. Ce qui l'est moins, c'est ce qui a rapport à la question toujours plus ou moins en litige de la propriété artistique des étrangers. En 1854, Verdi, frustré, paraît-il, dans ses intérêts pécuniaires, avait élevé la prétention de ne laisser, à aucune condition, représenter ses derniers ouvrages sur la scène italienne de Paris. Cette prétention était-elle fondée, et « la loi française protégeait-elle à ce point le compositeur étranger qu'elle subordonnât à l'omnipotence ou au caprice de celui-ci les plaisirs du public et parfois l'intérêt de l'art? » Ce problème fut longuement débattu, puisque c'est seulement du 2 août 1856 qu'est datée une importante et intéressante « consultation » imprimée, que nous avons en notre possession, et qui porte la signature d'un jurisconsulte alors estimé, Coin-Delisle, avocat à la Cour Impériale. Les conclusions, savamment et un peu longuement motivées de ce mémoire, se résument dans les quatre articles suivants :

I. — Quand il n'y a pas de traité diplomatique entre les deux nations, accordant respectivement chez l'une ou chez l'autre le droit de représentation ou d'exécution publique, ou même quand le droit de représentation est réciproquement stipulé dans un traité d'une manière générale, un directeur de théâtre a légalement, en France, la faculté de donner, sur le théâtre qu'il dirige, des représentations des pièces étrangères et d'y faire chanter et exécuter la musique et les partitions que l'auteur ou compositeur étranger a fait représenter ou exécuter sur un théâtre public étranger, sans autre consentement de l'auteur ou du compositeur que celui résultant du fait même des représentations publiques dans leur pays.

II. — Il n'est dû civilement de droits de représentation à l'auteur ou au compositeur de la pièce de théâtre ou de la composition musicale étrangère qu'en vertu des traités intervenus entre les nations respectives, d'après les usages du lieu de la représentation.

III. — Ce n'est pas la nationalité de l'auteur qu'il faut considérer pour décider ces sortes de questions : le droit en matière de représentation naît seulement, pour l'auteur ou compositeur étranger, des traités faits avec la nation où l'œuvre a été pour la première fois exécutée publiquement, quoiqu'en matière d'impression et reproduction il naisse du fait depuis le décret du 28 mai 1852.

Ainsi, ajoute le commentateur de ce troisième article, que M. Verdi soit ou non sujet de l'empereur d'Autriche, le fait que ses pièces ont été pour la première fois représentées à *Milan, dans les états autrichiens avec lesquels il n'y a pas de traité,* suffirait pour le priver de réclamer des droits de représentation en France, au lieu que si l'une de ses pièces avait eu sa première représentation en Sardaigne, il aurait droit à réclamer les droits de représentation en France, ses ouvrages se trouvant ainsi protégés sous ce rapport par le traité fait avec cette puissance.

IV. — Le cessionnaire français des droits de l'auteur ou compositeur étranger, quant aux droits de représentations, ne peut avoir des droits plus étendus qu'ils n'en auraient eux-mêmes.

Deux audiences du tribunal de première instance furent consacrées à cette curieuse affaire, les 11 et 15 octobre. A cette dernière l'avocat (Paillard de Villeneuve) du directeur des Italiens, alors Calzado, raconta de quelle manière Verdi avait tenté de faire faire cause commune avec lui à tous les compositeurs étrangers. Il avait commencé par solliciter en ce sens Rossini. Le malicieux Gioacchino (que M. Taine appelle Giacomo par confusion avec Meyerbeer) avait fait un froid accueil à cette ouverture. « Moi, s'était-il écrié, moi, demander de l'argent au Théâtre-Italien ? Je serais un grand ingrat et ce serait plutôt à moi de lui en donner ! » Le bon apôtre se souvenait que cette maison avait été la sienne, non seulement comme auteur, mais comme actionnaire, commanditaire, — directeur même. Par ailleurs, au reste, il était trop insouciant pour avoir envie de se mêler de quelque conflit que ce fût.

Paillard de Villeneuve énumérait ensuite les exigences successives de l'auteur du *Trovatore*, les engagements onéreux souscrits pour lui complaire, etc., etc. Il ne manquait pas d'indiquer discrètement diverses petites intrigues ourdies, dans un sens défavorable à la direction, par certaines personnalités de l'entourage du compositeur.

Le tribunal, en fin de compte, déclara Verdi « mal fondé dans sa demande » avec des « attendus » qui prennent aujourd'hui, pour des raisons diverses, un aspect vaguement préhistorique, ceux-ci entres autres, savoir : « que Verdi est étranger, né à Parme, *dans le duché de Parme;* que les opéras *il Trovatore, la Traviata* et *Rigoletto* dont il est l'auteur ont primitivement paru sur le théâtre de Milan; qu'aucun traité n'existe entre les gouvernements *soit de Parme, soit d'Autriche* avec la France, relatif à la protection des droits des auteurs d'œuvres intellectuelles... », etc., etc.

Le maestro forma appel, sans s'opposer toutefois à ce que *il Trovatore* fût provisoirement exécuté. Devant la Cour, l'affaire fut plaidée en novembre ; l'arrêt, prononcé en décembre, confirmait le jugement. Par un singulier hasard, juste huit jours auparavant le maître avait, aux Italiens, avec *la Traviata,* triomphé en quelque sorte malgré lui. Sa défaite judiciaire lui fut sans doute très adoucie par sa victoire théâtrale, éclatante, en dépit des restrictions et des réserves d'une minorité des critiques. Ne s'en rencontra-t-il pas un pour reprocher à Verdi « d'avoir fait chanter une pauvre femme dont les poumons se brisent » ? Cet homme trop sensible voyait là « quelque chose d'étrange et en quelque sorte d'inhumain » !

On nous pardonnera cette longue parenthèse qui nous a permis de grouper, relativement à Verdi, un assez grand nombre de particularités peu connues, ou que, du moins, on n'avait pas eu l'occasion de réunir encore.

Nous reprenons d'ailleurs, pour ne plus l'interrompre, notre récit arrêté par nous à la date de l'apparition sensationnelle de *Nabucodonosor,* bientôt suivi, en dehors d'*Ernani* et des *Deux Foscari* de Verdi, déjà mentionnés, de la mise à la scène, en fait d'œuvres inédites, de *Gemma di Vergy* de Donizetti (16 décembre 1845), pour les débuts de Malvezzi. Le chanteur avait imposé cet ouvrage qui ne réussit pas plus que le *Scaramuccio* (26 février 1846), de F. Ricci, pièce gaie, cependant, c'est-à-dire du genre où, selon les connaisseurs, excellait le compositeur, et dont la réputation en Italie était grande. En France, la renommée des œuvres des frères Ricci et des Ricci eux-mêmes était évidemment alors moins répandue que dans la péninsule. Ce qui tendrait à le prouver c'est que Fiorentino, faisant en quelque sorte

subir à Frédéric Ricci le traitement de « l'enterré vivant », put, à la date
du 20 janvier 1852, sans soulever la moindre protestation, écrire sa

MARIETTA ALBONI

nécrologie, vingt ans d'avance. Echec aussi pour *la Fidanzata corsa*, fâcheuse
adaptation de *Colomba*, de Pacini, dont le dernier acte provoqua l'hilarité
des spectateurs.

En 1847 aucune œuvre inédite, pour Paris tout au moins, ne fut inscrite au répertoire. Pareil fait ne s'était jamais produit depuis le commencement du siècle. Manifestement, pour attirer le public, Vatel ne comptait pas sur les « nouveautés ». Sur quoi comptait-il donc ? Sur sa troupe si remarquable qui, toutefois, çà et là, commençait à sentir la vieillesse, la fatigue et l'usure. N'oublions pas de dire, cependant, qu'il avait su se procurer du renfort, d'abord Gardoni, une sorte de sous-Mario, qui plaisait pour les mêmes mérites de séduction, de distinction, de fin charme vocal, puis le remarquable baryton Ronconi, et surtout Mⁿᵉ Alboni, de qui la double apparition dans l'Arsace de *Semiramide* (2 décembre 1847) et dans *la Cenerentola* (18 décembre), avec tout l'attrait supplémentaire d'un pareil contraste, de la révélation d'une telle étendue de moyens, déchaîna l'enthousiasme.

Nonobstant cet éclatant succès, Vatel ne se sentait pas de force à soutenir longtemps la lutte. Il profita de la révolution de février pour passer la main. A qui ? au petit homme gai, bon enfant, grand parleur et conteur, que nous avons tous connu à l'état de personnage quasi « entré vivant dans la légende », au père Dupin, si vieux, et qui se vieillissait encore, afin de pouvoir, à l'aide d'un petit complément d'années imaginaires, célébrer plus tôt son propre centenaire. Les anecdotes foisonnent sur ce vieillard qui n'a disparu qu'en 1887. Il était l'auteur d'un *Voyage à Chambord* représenté en 1808 ! Il avait collaboré avec Scribe pour nombre de pièces généralement applaudies. Il paraissait, au surplus, médiocrement désigné pour les fonctions qui lui étaient échues. Il débuta par une lourde erreur, en se figurant que par l'abaissement du prix des places il allait relever la fortune, à ce moment bien compromise, de l'entreprise. Mettre à bon marché un théâtre de luxe ! C'était contradictoire.

La direction du bonhomme Dupin fut de courte durée, car le théâtre fut fermé du 1ᵉʳ avril au 1ᵉʳ octobre.

Cette gestion un peu falote ne fut signalée que par l'apparition trop brève de Mᵐᵉ Bosio et par la mise en scène d'*Andremo in Parigi*, sorte de retapage vaudevillesque (Dupin était l'auteur des paroles) du *Viaggio à Reims*, d'où était déjà sorti *le Comte Ory*, un peu comme *l'Étoile du Nord* est sortie du *Camp de Silésie*.

Le pauvre Dupin essaya vainement d'obtenir du Gouvernement une subvention. Le 7 septembre, il recevait du Ministre de l'Intérieur la lettre suivante :

Citoyen directeur, j'ai reçu la lettre que vous m'avez adressée le 9 de ce mois pour obtenir d'être admis à participer au secours voté par l'Assemblée nationale en faveur des théâtres de Paris. Je regrette de ne pouvoir accueillir favorablement votre demande, mais le crédit de 680.000 francs a été alloué avec cette destination spéciale d'assurer le service des théâtres du 15 juillet au 1er octobre prochain. Celui que vous dirigez se trouvant tout à fait en dehors de cette condition, il m'est impossible de faire ce que vous désirez.

Salut et Fraternité.

Ses affaires allant de mal en pis, Dupin se déclara ruiné par les marchands de billets et réclama vivement la protection de la police. Le 9 novembre il recevait du Préfet de Police, Gervais (de Caen), nommé un mois plus tôt en remplacement de Ducoux, la lettre que voici :

Citoyen,

Je m'empresse d'avoir l'honneur de répondre à votre lettre de ce jour, par laquelle vous réclamez mon intervention pour faire cesser aux abords du Théâtre-Italien le trafic des billets auquel on se livre et dont un dépôt existe chez le marchand de vin établi vis-à-vis votre bureau de location. Vous me trouverez toujours disposé à venir en aide aux directions théâtrales. En conséquence, je vous préviens que j'ai donné des ordres pour que les règlements de police qui prohibent ce trafic soient strictement exécutés dès à présent. Il sera donc envoyé, de 8 heures du matin à 8 heures du soir, aux abords du Théâtre-Italien, des gardiens de ville, pour exercer une surveillance à l'effet de réprimer le trafic des billets donnant entrée audit théâtre, ainsi que le racolage. J'ai donné des ordres formels pour que les vendeurs de billets soient arrêtés et traduits devant le commissaire de police du quartier, pour que leurs billets soient saisis et les contraventions constatées par des procès-verbaux.

Salut et Fraternité.

Mais, en dépit de cette action collaboratrice de la police, Dupin devait bientôt abandonner la partie, et, le 30 novembre, la salle Ventadour fermait ses portes sur la troisième représentation de la reprise de *Marie de Rohan*. Quelques jours auparavant (le 13), tous les théâtres de Paris avaient dû jouer gratuitement en l'honneur de la constitution nouvelle. On avait même risqué, à cette occasion, une innovation qui ne donna pas de bons résultats, et qui consistait à créer pour ces « gratis » des billets d'entrée, d'avance tirés au sort dans les mairies.

Chose assez étrange, dans cette année, funeste au théâtre en général, plus néfaste encore, en particulier, pour une scène mondaine telle que les Italiens, il avait été question de créer à cette dernière une concurrence. Mais c'était là, sans doute, un simple faux bruit, aussi peu autorisé que celui d'après lequel Rossini, après avoir refait *le Barbier* de Paisiello, s'apprêtait, disait-on, à recommencer, après Mozart, *les Noces !*

Quoi qu'il en soit, il y eut un moment où l'on put sérieusement se demander si Paris n'allait pas être, d'une façon définitive, privé de ses illustres Bouffons. On parla de donner le théâtre à la Municipalité, de le fondre, comme cela avait déjà eu lieu, avec l'Opéra, de le faire fonctionner, en tout cas, dans la même salle : « Vous obligerez difficilement, objectait-on, le même public à venir dans le même endroit pour voir des choses différentes. » Il se trouva finalement quelqu'un pour briguer la succession peu enviable de Dupin, et ce quelqu'un ne fut ni plus ni moins que Ronconi, le chanteur célèbre, dont nous avons signalé précédemment le passage à la salle Venta-dour. Au lendemain de la réouverture, effectuée le 15 janvier 1849, avec l'Alboni, pour sa rentrée dans *la Cenerentola*, Théophile Gautier écrivait: «Voici les Italiens rentrés dans leur cage mélodieuse, c'est Ronconi qui est le directeur de la troupe. Nous vivons dans un temps si singulier et la maxime de Beaumarchais, « il fallait un calculateur, on prit un danseur », est tou-jours si vraie, que le fait tout naturel d'un italien et d'un musicien à la tête d'un théâtre de musique ne s'était pas produit depuis longtemps : il a fallu une révolution pour cela. »

La réflexion est piquante. Pourtant, à cette place, il eût mieux valu peut-être, pour le moment, un « calculateur », en présence des difficultés fort nombreuses qu'allait encore accroître le choléra auquel, soit dit entre paren-thèses, succomba Mme Catalani, que l'on avait crue morte en 1841. En 1849, comme cela s'était si exceptionnellement produit en 1841, et de même dans la partie de l'année 1850 qui est afférente à la gestion Ronconi, le répertoire ne s'enrichit d'aucune nouveauté. On essaya sans succès des programmes pourvus d'attractions plus ou moins sensationnelles, telles que Teresa Milanollo ou l'Alboni chantant en français les couplets à la France de *la Fille du Régiment*. Les amateurs se faisaient de plus en plus rares. Lorsque l'Assemblée Législative se décida à voter 60.000 francs de subvention pour les Italiens, il était trop tard.

Une demande en déclaration de faillite avait été déposée par le principal commanditaire, et, le 30 juin 1850, intervenait un arrêté ministériel ainsi conçu :
« Le sieur Lumley, directeur du Théâtre de la Reine, à Londres, est autorisé

UN ENTR'ACTE AU THÉATRE VENTADOUR

à exploiter le Théâtre-Italien, à Paris, pendant trois années, à partir du 1er octobre 1850, aux clauses et conditions imposées au sieur Ronconi par les arrêtés des 22 août 1849 et 1er juin 1850 qui n'ont été rapportés qu'en ce qui concerne ce dernier. »

Il faut dire pourtant que Ronconi évita la faillite, ainsi qu'en témoigne cet entrefilet publié dans le journal *le Théâtre*, le 28 décembre 1850 :

AFFAIRE DE M. RONCONI

L'impitoyable vœu de MM. Leroy et de Chabrol, et qui n'eût pu être comblé qu'au prix de la ruine d'un honnête homme, d'un brave artiste, n'a point été, grâce au ciel, accompli ; le tribunal a refusé l'odieuse demande de mise en faillite dirigée contre Ronconi, et le gain de cause obtenu par ces banquiers a été moralement pour eux une véritable défaite.

Ce jugement, qui réduit le chiffre des poursuites de 150.000 francs à 87.000 francs et accorde à Ronconi deux ans pour se libérer, sera un argument d'une haute valeur à invoquer contre le ministre, lors de la discussion qui aura lieu par suite de l'appel de Ronconi devant le Conseil d'État. Décidément nous avons encore des juges à Paris!

VICTOR HERBIN.

En janvier 1851, les anciens artistes du Théâtre-Italien engagèrent un procès contre MM. Leroy et de Chabrol. Le compte rendu de l'audience serait fort instructif pour établir l'historique de la direction Ronconi et celui de la direction de Lumley. Ce dernier, d'accord avec les commanditaires du pauvre Ronconi, avait précipité sa chute. Il arrivait, du reste, entouré du prestige que lui avait valu son heureuse gestion à Londres. Mais laissons la parole à Mᵉ Desmarest, avocat de Mᵐᵉ Persiani, de Moriani, Morelli et consorts, dont la plaidoirie est non seulement instructive, comme nous le disions plus haut, mais curieuse comme spécimen du style oratoire alors en faveur :

Permettez-moi de vous rappeler comment M. Ronconi est devenu directeur du Théâtre-Italien.

Les lendemains de révolutions sont peu favorables aux exploitations théâtrales, aux exploitations théâtrales de grand luxe surtout. Quand Dieu donne aux nations soulevées l'émouvant spectacle des commotions politiques, le monde élégant prend peur, et les théâtres sont momentanément déserts. M. Dupin, directeur des Italiens, ne put résister à la crise qui pesa sur les affaires, et il fut obligé de se mettre en faillite au mois de janvier 1849. Les artistes attachés au théâtre, le nombreux personnel de l'administration, allaient être enveloppés dans sa ruine. Quand tout le monde désespérait de la fortune de cette scène des Italiens, si belle et si intéressante, un homme s'est rencontré qui a eu confiance, qui n'a pas perdu courage, et qui n'a pas hésité à jeter dans le gouffre de cette opération si compromise les économies dues à son talent éminent d'artiste.

Il a dit à ses camarades : « Groupez-vous autour de moi, et sauvons ensemble le théâtre »: L'appel de Ronconi a été entendu par les artistes. Son dévouement a été apprécié du ministre de l'Intérieur. Il a été autorisé à exploiter la scène des Italiens pendant le restant de la saison. Plus tard, le privilège lui a été offert à la condition de verser 60.000 francs de cautionnement et de justifier de 100.000 francs de fonds de roulement.

Messieurs, nous parlons de théâtre : il nous est donc permis de dramatiser le débat. Laissez-moi donc faire apparaître derrière la toile l'ombre d'un concurrent que vous verrez reparaître successivement dans les affaires de M. Ronconi. Ce concurrent, c'était M. Lumley, qui, tandis que M. Ronconi courait les grandes routes afin de composer une troupe digne du théâtre et de la splendeur qu'il voulait lui donner, préparait les approches de la place qu'il voulait emporter. Il mit tout d'abord dans ses intérêts la maison de banque Leroy et de Chabrol, qui, transformant de son autorité privée le crédit qu'elle avait ouvert à M. Ronconi pour trois ans en une créance immédiatement exigible, le poursuivit à boulets rouges et demanda sa mise en faillite.

Cependant, M. Ronconi ne se décourageait pas. Traqué de toutes parts, il luttait héroïquement pour conserver son privilège. Un hasard heureux pour lui l'avait mis en rapport avec un homme jeune, actif, intelligent, qui seconda't ses efforts. Unis tous deux, ils avaient réussi à composer la plus belle troupe dont puisse s'honorer un théâtre.

Dans cette troupe étincelaient les noms de Mario, de Grisi, de Tamberlick, et ceux des premiers sujets d'Italie dont le talent n'avait plus besoin que d'une seule consécration, les applaudissements du public parisien. L'associé de Ronconi avait réussi à vaincre les scrupules paternels de Duprez qui avait, après beaucoup de peine, consenti à laisser débuter cette jeune Caroline Duprez, dont le talent si riche de présent et si fécond en promesses pour l'avenir, est aujourd'hui le plus beau fleuron de la couronne de M. Lumley; mais nous avons le droit de le dire, c'est un joyau qu'on a dérobé à notre écrin.

Pour prix de tant d'efforts, nous reçûmes : 1° une assignation en déclaration de faillite, à la requête de MM. Leroy et de Chabrol, devant le Tribunal de Commerce, audience du 30 septembre 1850; 2° une invitation de la part du ministre du Commerce devant la Commission des théâtres pour le 26 septembre 1850.

Le 26 septembre 1850, M. Ronconi comparut devant la Commission des théâtres. Là il se trouvait en présence de qui? — Si le respect ne m'interdisait de donner quelque chose à deviner au tribunal, je lui proposerais cette énigme en mille. — Il se trouva en présence de Lumley, son successeur désigné. Cependant la Commission décida qu'il n'y avait lieu à révoquer M. Ronconi que s'il é ait mis en faillite, et qu'il y avait lieu de surseoir jusqu'après le jugement.

Le tribunal n'oublie pas que nous étions assignés pour le 30. Nous comparûmes devant le tribunal comme nous avions comparu devant la Commission des théâtres. Les adversaires firent défaut et furent déboutés de leur demande. Mais le ministre s'était lassé d'être juste. Dès le 23 septembre M. Ronconi était révoqué.

Si Ronconi échappa à la faillite, Lumley n'en fut pas moins nommé directeur à sa place et exploita le Théâtre-Italien de Paris, tout en continuant à gérer celui de Londres. Il recevait une subvention de 60.000 francs affectée par privilège au paiement des « artistes et employés ». Le paiement de cette subvention, divisée en six mensualités de 10.000 francs, ne pouvait être obtenu que pour chaque mois échu et après que le directeur avait payé les artistes et les employés pour le mois précédent, ce que devait constater un certificat délivré par le commissaire du gouvernement.

Lumley avait de beaux projets, ou plutôt de belles illusions. Il voulait, selon le mot un instant fameux d'un ministre du Second Empire, il voulait « faire grand » et vantait à l'avance les merveilles de sa gestion dans une sorte d' « auto-réclame », sous la forme, si peu destinée à tomber en désuétude, d'une lettre adressée aux journaux :

« Mon seul désir, y disait-il, est d'appliquer toute mon activité à donner à la scène italienne de Paris toute la splendeur, toute l'ampleur de ses plus beaux jours... Si j'en juge par l'empressement que les anciens habitués du théâtre mettent à retenir à l'avance des loges pour la saison prochaine, j'ai le droit d'espérer que vous verrez reparaître cet hiver ce luxe princier, ce luxe des toilettes, des équipages, des livrées, ce dernier signe, en un mot, de la suprématie de la France sur les autres nations de l'Europe. Cela est mon but. De la réunion dans mes deux mains des deux scènes italiennes de Paris et de Londres doit naître, si je ne m'abuse, quelque chose d'utile pour l'art et d'heureux pour les goûts élevés de ce public intelligent dont j'ai à cœur de reconnaître la noble et généreuse hospitalité. »

« Si je ne m'abuse !... » Précisément, hélas ! il s'abusait. On vit là se confirmer une fois de plus le fait, souvent vérifié par l'expérience, de l'impossibilité, en pratique, de ces directions doubles, théoriquement si séduisantes, qui doivent offrir, soi-disant, l'avantage de permettre d'utiliser sur la seconde scène les artistes que la première scène laissera momentanément inactifs, ainsi que décors costumes, etc., inemployés. Bien rarement ces tentatives ont été couronnées de succès, qu'il s'agit de divers théâtres fonctionnant dans la même ville, ou, comme dans la circonstance visée, de théâtres établis en deux villes différentes.

Du moins, au début, la direction de Lumley fut heureuse, et elle mérite, dans son ensemble, d'être considérée comme une de celles où fut déployé le plus de compétence administrative et artistique.

Tout d'abord Lumley profita des revers de fortune qui venaient d'atteindre Mlle Sontag pour faire accepter un engagement à cette cantatrice, dont le prestige était immense. On peut juger de ce prestige par un détail très menu mais bien caractéristique. Le « M. Choufleury » de l'agréable opérette

si connue ne manque pas, le soir où il « reste chez lui » avec la mention :
« l'on fera de la musique », d'adresser une invitation à Mlle Sontag, choisie
ici comme la représentante la plus indiscutée, la plus autorisée, la plus
en vue, du bel art vocal. Ce témoignage indirect échappé à la plume du
duc de Morny, et déterminant la grande étoile du ciel artistique à l'époque
où est censée se passer la pièce, équivaut à une véritable consécration. Du

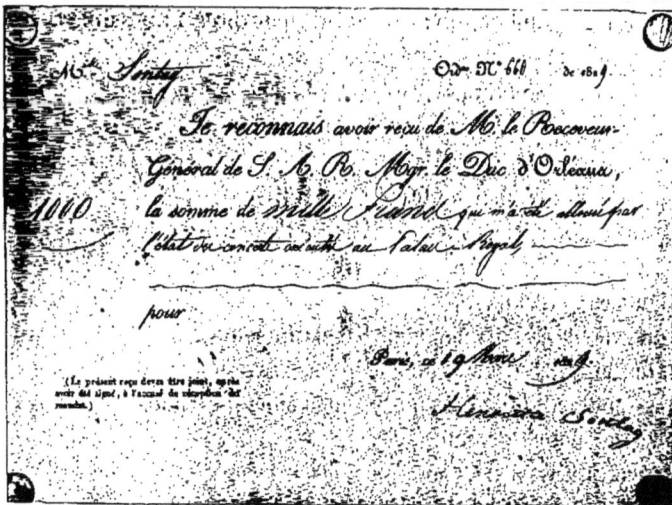

UN REÇU D'HENRIETTE SONTAG

reste, la Sontag existait surtout alors à l'état d'illustre souvenir ; c'était des
succès anciens qui avaient porté son nom si haut. Cette fois elle ne fit à Paris
qu'une assez brève apparition. Elle triompha, notamment, dans *la Fille du
Régiment*, au sujet de laquelle Bayard, auteur des paroles françaises, fit à la
direction des Italiens, en vue de toucher des droits d'auteur, un procès qu'il
gagna. On a vu ci-dessus que Verdi fut moins bien traité dans un litige,
d'ailleurs fort différent, mais se rapportant pareillement aux problèmes, alors
si embrouillés, et, depuis, demeurés très complexes, qui se rattachent à la
propriété artistique ou littéraire.

En même temps que la Sontag, Lumley, décidément sagace et adroit,

rengageait Lablache, si remarquable surtout dans le répertoire enjoué :
« Quand il n'est pas là, disait un critique, les opéras bouffes ressemblent à des
tragédies ». C'était sa dernière apparition devant le public parisien, apparition unanimement jugée trop brève, car, dès 1852, il fut engagé pour Saint-
Pétersbourg. Alors, comme de tout temps — et notamment comme à l'époque
de la Patti, nous le verrons plus loin — les étrangers, habitués à payer
les artistes beaucoup plus cher que nous, faisaient aux directeurs de Paris
une concurrence contre laquelle il était à peu près impossible à ces derniers
de se défendre.

A la rentrée de la Sontag et de Lablache succédèrent, comme numéro
brillant, les débuts de Mlle Duprez, accompagnée de son père, qui parut pour
la première fois dans *Lucie;* le rôle avait été créé par lui à Naples. Ils ne
demeurèrent que fort peu de temps aux Italiens.

Une autre apparition plus sensationnelle encore fut celle de Mlle Cruvelli
(de son vrai nom Cruwell), le 8 avril, dans *Ernani.* La réussite fut triomphale. Dans les journaux, quel concert d'éloges ! La presse célébra le splendide organe de la cantatrice, son irrésistible fougue de tempérament, son
« regard de feu », son jeu d'une si intense expression dramatique.

Voilà, pour ce qui concerne les engagements d'artistes, la contribution,
vraiment assez belle, de Lumley.

Pour ce qui regarde, non plus les interprètes des ouvrages, mais les
ouvrages eux-mêmes, nous trouvons que sous cette direction (sans parler de
la Fille du Régiment), trois ouvrages furent portés au répertoire.

Tout d'abord, *la Tempesta,* en deux actes, de Scribe et Halévy. Il est assez
surprenant que cette pièce écrite par deux Français, non médiocrement
réputés, ait d'abord été jouée en Angleterre. Nous croyons que le fait ne s'est
produit qu'une seule autre fois, pour *la Navarraise.* La différence est que *la
Navarraise* revenue en France s'est maintenue sur l'affiche, tandis que
la pauvre *Tempesta* ne put s'y prolonger, en dépit du talent dépensé par
Mlle Cruvelli et par Lablache, un Caliban admirable. Nous devons convenir
d'ailleurs que la pièce était faible, et cette faiblesse rend, à distance, fort
plaisants les éloges hyperboliques du compte rendu inséré dans le journal de
la maison d'éditions qui avait acquis l'ouvrage. Un de ces incidents qui achè-
vent de gâter une cause déjà compromise s'était, à la première, produit sous

la forme d'une chute assez fâcheuse survenue à la danseuse Rosati (Ariel)
aussitôt après l'introduction, — cette introduction qui, selon le compte rendu
auquel nous venons de faire allusion, était écrite avec une vigueur extraor-

SOPHIE CRUVELLI

dinaire, agitée comme les flots, éclatante comme la foudre, pleine de cris
d'alarmes et de présages de mort. « C'est l'horreur, ajoutait le critique émer-
veillé, terrifié, l'horreur entassée sur l'horreur, l'effroi sur l'effroi, et du sein
de ce chaos s'élève un chant de prière, admirable de pureté, d'élan, capable

d'apaiser Dieu et de ramener le calme, si Dieu, ou plutôt si Shakespeare n'eût décidé par avance que le calme ne renaîtrait pas! »

Donnée le 25 février 1851, la Tempesta n'eut que huit représentations. Le Tre Nozze d'Alary (27 mars) n'en eurent que quatre, juste autant, hélas! que Fidelio monté le 31 janvier 1852 pour la première fois en langue italienne à Paris, où, sous la forme allemande, il avait été donné à quatre reprises, en 1829, en 1830, en 1831 et en 1842. Les amateurs ne se méprirent pas sur la transcendante valeur de l'œuvre, si pleine de substance et d'éclat, de sève musicale, d'invention, de puissant relief, d'incomparable vigueur dramatique. Mais peut-être, dans sa généralité, le public de 1852 n'était-il pas apte à saisir des beautés de cet ordre et de cette envergure.

Cette mise à la scène d'un ouvrage génial, inégalement interprété d'ailleurs par Calzolari, Belletti, Fortini, Soldi, Susini, Mmes Cruvelli et Corbari, doit être jointe aux faits que nous avons déjà rapportés comme militant en faveur de la direction artistique de Lumley. Les deux premières années de sa gestion sauvèrent l'honneur, mais, en somme, il n'y avait guère que cela de sauf. Financièrement, résultat déplorable : 300.000 francs étaient perdus. C'était l'engloutissement des anciens bénéfices, pendant qu'à Londres la situation n'était guère plus avantageuse. Sans doute, là-bas, au printemps de 1852, les habitués de Majesty's Theatre ouvraient une souscription pour venir en aide au directeur entreprenant et ingénieux. Mais est-il besoin de dire qu'il ne se produisit aucune manifestation de ce genre à Paris, où, dès le début de sa deuxième année de bail, Lumley s'était trouvé en retard pour le paiement de ses loyers. Il avait alors proposé aux propriétaires de la salle, pour faire suspendre les poursuites commencées contre lui, de leur donner un acompte de 17.000 francs et, pour ce qu'il leur redevait — 64.000 francs environ — de leur céder et transporter son cautionnement à titre de nantissement et de garantie de ses loyers.

Cette proposition ayant été acceptée, les propriétaires de la salle Ventadour arrêtèrent leurs poursuites contre Lumley et lui accordèrent, pour le paiement de ses loyers, un délai de deux mois.

Le 1er avril avait lieu, avec un concert, la clôture de la saison 1851-52 du Théâtre-Italien de Paris, et la saison du Théâtre de la Reine, à Londres, commençait immédiatement pour finir à la fin d'août suivant.

Le délai accordé à Lumley pour le paiement de ses loyers de la salle Ventadour se trouvant expiré sans qu'à cet égard il eût satisfait à son obligation, et un commandement qui lui fut fait le 11 juin 1852 étant resté infruc-

LA SORTIE DU THÉATRE VENTADOUR

tueux, il fut, un peu brusquement peut-être, dépossédé et remplacé par Alexandre Corti, ancien directeur des théâtres de Milan et de Bergame.

La direction nouvelle ouvrit, le 16 novembre, avec Mᵐᵉ Cruvelli dans *Otello*, que l'on fut assez surpris de retrouver à peu près remis à neuf : « Ciel sans tache, écrivait un critique, murs sans trous, robes sans accrocs... C'était à n'y pas croire ! A ce degré, cela devenait en quelque sorte une atteinte à la couleur locale. »

La subvention allait être portée à 100.000 francs, dépassant de 40.000 francs le chiffre indiqué par Corti dans une note émanée de lui et distribuée, lors de la discussion du budget de 1852, à tous les députés. Cette note est intéressante à plus d'un égard : on y retrouve, habilement présentée, la comparaison que nous avons déjà rencontrée sur notre route, entre le Théâtre-Italien de Paris et celui, plus favorisé, des autres capitales :

« A Vienne, à Saint-Pétersbourg, y est-il dit, l'empereur couvre de son patronage ces entreprises qui font partie de la gloire nationale; en Angleterre, c'est une aristocratie opulente qui remplit cet office; en France, n'est-ce pas à la nation elle-même, par l'organe de nos représentants, à aider, à soutenir par une protection éclairée et tout à fait exceptionnelle cette concurrence de nation à nation qui exige des sacrifices dépassant les forces d'une industrie privée? »

Ces difficultés signalées par Corti, il ne devait pas tarder à s'y débattre anxieusement lui-même. Il se trouvait, presque vers le début, hors d'état de tenir la promesse qu'il avait faite d'engager ou de rengager des artistes tels que Tamberlick et Lablache. Un grand succès personnel fut remporté par Mᵐᵉ Anna de Lagrange (12 mai 1853) dans un ouvrage alors inconnu à Paris, de Mercadante, le Bravo, qui, du reste, ne se maintint pas sur l'affiche. La réussite n'avait guère été plus grande, le 7 décembre précédent, pour la Luisa Miller de Verdi.

Parallèlement à ces événements, tout un groupe d'artistes : F. Hiller, l'ancien chef d'orchestre, Calzolari, Belletti, etc., poursuivaient les propriétaires de Ventadour à l'effet de se faire payer les appointements arriérés dus par la direction Lumley.

Le procès avait, au point de vue de la jurisprudence générale, beaucoup de portée et d'intérêt. Il s'agissait, en somme, de savoir si le terme générique « artistes » ne visait que les chanteurs, ou devait aussi s'appliquer à M. Ferri, peintre-décorateur, à M. Hiller, directeur de la musique, etc., et si ces derniers pouvaient être fondés à se réclamer du privilège inscrit, comme on l'a vu, dans la convention du 22 août 1849, en faveur des émoluments d'artistes. Nous croyons qu'il n'y eut point décision judiciaire, mais solution trans-

actionnelle, d'après laquelle, tant bien que mal, les choses s'arrangèrent. Ce
qui ne s'arrangeait guère, par exemple, c'était les affaires de Corti, qui, aux

ERNESTA FREZZOLINI

abois après une année d'exploitation, se retira en cédant la place au colonel
Ragani.

Cette nouvelle direction s'annonça d'une manière heureuse par la rentrée

dans *la Cenerentola* de Mlle Alboni, de Tamburini, avec Rossi remplaçant Lablache; puis par celles de Mario, de Gardoni, de Mme Viardot, d'Ernesta Grisi,
et par les débuts de Graziani, de Mme Borghi-Mamo, et surtout ceux de
Mlle Frezzolini, à qui devait être dévolue la tâche de présenter à Paris *il Trovatore*, dont le succès fut immense. C'est, de toutes les pièces représentées au
cours du dix-neuvième siècle sur le Théâtre-Italien, celle qui, dans le plus
petit espace de temps, a fourni le plus grand nombre de représentations.
Malheureusement, les autres tentatives du colonel furent beaucoup moins
brillantes. Les habitués refusèrent leur faveur, et presque leur attention, à la
Nina de Coppola, déjà entendue en français sous le titre d'*Éva* ; ajoutons que
la corpulence, déjà accusée, de Mlle Alboni, s'y accordait assez mal avec le personnage d'une *Pazza per amore*. Même insuccès pour *i Arabi*, de Pacini, un
vieil opéra de 1827, avec livret tiré du *Renégat*, du vicomte d'Arlincourt.
Bref, au bout seulement de deux années, sur les neuf que comportait son privilège, Ragani, après tant d'autres, se retira. Son successeur fut Torribio
Calzado, de La Havane.

En commençant à nous occuper de la direction Calzado, nous abordons,
dans les annales du Théâtre-Italien, ce que l'on pourrait presque appeler de
l'histoire contemporaine. Il y a encore à Paris des survivants parmi les amateurs qui ont assisté soit aux débuts de cette direction, soit, surtout, à sa
dernière période. Ceux-là ont pu garder plus d'un vivace souvenir des
ouvrages, des artistes qui furent alors les plus marquants ; mais pour nous
conformer à notre programme, ce n'est pas principalement du répertoire,
c'est plutôt de l'administration proprement dite, et de tout ce qui s'y rapporte, que nous aurons à parler. Seulement, nous sommes loin de posséder,
à l'égard de cette direction et des suivantes, la documentation neuve et
détaillée que nous avaient fournie pour d'autres périodes les pièces d'archives
mises à notre disposition. Dans cette dernière partie de notre tâche, nous
serons donc très bref, afin d'exposer le moins possible nos lecteurs à trouver
ici ce qu'ils ont pu lire autre part.

Calzado, à son entrée en fonctions, avait cru devoir s'adjoindre un collaborateur italien, le ténor Salvi, qui ne demeura pas longtemps dans la place.
L'association fut rompue à la suite d'un procès à la donnée baroque. Il s'agissait, dans ce litige, d'une trilogie dantesque, *Enfer, Purgatoire, Paradis*, dont

un compositeur peu notoire, Liguoro, devait écrire la musique, et que Salvi, en sa qualité d'administrateur, s'était engagé à représenter. Calzado s'était assez naturellement opposé à l'exécution d'un projet coûteux qui offrait, dans ces conditions, si peu de chances de réus-site. De là le conflit judiciaire. Pour aider le tribunal à appré-cier dans l'ensemble les capacités admi-nistratives de ce sin-gulier auxiliaire, l'avocat du directeur produisit un traité par lequel Salvi avait, comme entrée de jeu, nommé un M. Banelli agent général du Théâtre-Italien, pour une période de sept années, aux modi-ques appointements de 30.000 francs par an !

UN ABONNÉ DU THÉÀTRE VENTADOUR

Comme on pou-vait le prévoir, Cal-zado obtint gain de cause, par un juge-ment très sensément motivé, et dont les « attendus », si nous disposions de plus d'espace, seraient curieux à reproduire. Calzado était, au reste, judiciairement tout au moins, un homme heureux, car, ainsi qu'on l'a vu, il avait également, sur ce terrain-là, triomphé de Verdi. Il arriva pourtant à Calzado plaideur d'être battu. Ainsi fut-il astreint, de par la volonté de ses

propriétaires, à effectuer des réparations auxquelles il se refusait avec énergie. Pour lui d'ailleurs, les difficultés avec les propriétaires étaient inces-
santes. Aussi, en 1859, avait-il cru devoir présenter en haut lieu une pétition
tendant à obtenir l'autorisation de bâtir une salle pour le Théâtre-Italien.
Ce détail permet de comprendre contre quels obstacles se débattaient les
directeurs du Théâtre-Italien, même encouragés, même subventionnés, en
raison de leur situation de locataires, c'est-à-dire toujours, à ce titre, dépen-
dants. Aussi bien, en dépit de ces ennuis et de quelques autres, la direction Calzado se prolongea jusqu'à la fin de 1863. Le vent soufflait alors
dans les voiles, car la Patti, pensionnaire du théâtre, venait d'y débuter avec
éclat. La fin de cette direction fut purement accidentelle et résulta de
pertes pécuniaires d'un caractère essentiellement privé. Le Théâtre-Italien
n'était pour rien dans cette submersion de l'homme qui avait assez longtemps
présidé à ses destinées.

L'appoint des œuvres annexées au répertoire, durant cette gestion, avait
été assez considérable. Et tout d'abord c'est, presque dès les débuts de la
direction, dans cette catégorie qu'il conviendrait de placer le *Mosé* donné le
mardi 2 octobre 1855. Il ne s'agissait plus en effet du *Mosé* sous la forme où
il avait été chanté sur cette scène en 1822, mais, les ballets exceptés, du
Mosé refait pour l'Opéra en 1827. L'expérience ne réussit guère. Cet échec
n'empêcha pas Calzado d'ouvrir la saison suivante avec un opéra de Rossini,
la Cenerentola, ouvrage particulièrement favorisé par le dilettantisme d'alors.
On eût dit qu'il voulait, avec obstination et insistance, se mettre sous le
patronage du maître. Mais il ne se contentait pas de l'aimer, il l'aimait trop,
pourrait-on dire, et il poussa la passion jusqu'à monter contre le gré du
compositeur un assez fâcheux pastiche, arrangement en deux actes de fragments
de ses premières œuvres, annoncé dès 1857, et joué, en vertu de la véritable
idée fixe de Calzado, assez longtemps après, puisque la première (et dernière)!
représentation d'un *Curioso Accidente* (c'était le titre de ce malencontreux
rapiéçage) n'eut lieu que le 27 novembre 1859.

Rossini n'avait pas été jusqu'à s'opposer formellement (il se demandait
au reste s'il en avait le droit) à l'exécution de ce pastiche ; du moins
avait-il exigé, dans une lettre rendue publique, que la qualification de *nouveau*
ne fût pas donnée à l'ouvrage sur l'affiche, mais qu'il fût annoncé sous la

désignation suivante : « opéra arrangé sur des morceaux de M. Rossini, par
M. Berettoni ».

Parmi les autres « accidents », moins curieux que celui auquel fait

ROSINA PENCO

allusion le titre bizarre de cet ouvrage, en d'autres termes parmi les
œuvres annexées avec un succès nul ou tout au plus médiocre, il faut

compter *Fiorina* de Pedrotti, *Don Desiderio* du prince Poniatowsky, *il Giuramento* de Mercadante, *il Furioso* de Donizetti, *i Lombardi* de Verdi, et *Stradella* de Flotow.

Notons pour mémoire la remise à la scène du *Crociato* de Meyerbeer (1860), de *Cosi fan tutte* (1862), avec des costumes sans doute fort différents de ceux que portaient les interprètes lors de la précédente reprise (1820) et dont nous reproduisons un curieux spécimen, et de *la Serva padrona* de Pergolèse (1863), reprise dont nous avons déjà parlé, ainsi que de celle du *Crociato*. Les grands succès, les succès productifs, furent ceux de *la Traviata*, « l'Égarée », comme on l'intitulait dans l'étrange analyse française vendue aux amateurs moyennant le modique prix de 20 centimes, de *Rigoletto*, de *Marta*, de *Poliuto*, et d'*un Ballo in maschera*, adaptation plus ou moins déguisée du *Gustave III* mis en musique par Auber, et qui, originairement, avait été destiné par Scribe à Rossini.

Deux œuvres méritent, au point de vue anecdotique qui est le nôtre, une mention spéciale en raison du nom de leurs auteurs, virtuoses célèbres de l'époque, le contrebassiste Bottesini, souvent surnommé alors le Paganini de la contrebasse, et le violoncelliste Braga, auteur d'une *Sérénade* à laquelle s'attacha pendant de longues années une popularité véritable.

Les combinaisons plus ou moins fortuites d'un programme avaient réuni les deux exécutants, le 17 mars 1856, dans un concert organisé au profit de Mme Borghi-Mamo, et donné précisément dans ce Théâtre-Italien où, comme compositeur, Bottesini, un mois auparavant, venait d'échouer avec *l'Assedio di Firenze*, et où Braga devait, avec sa *Mendicante*, le 5 janvier 1860, éprouver un sort identique. Des deux musiciens, Bottesini fut celui que sa défaite atteignit le plus sensiblement. Il ne pouvait se consoler d'être peu joué et toujours avec un faible succès. Il comprenait fort bien que pour lui la réputation du virtuose nuisait à celle du compositeur auprès d'un public qui, comme on l'a souvent remarqué, accorde rarement deux supériorités différentes à la même personne. Aussi interpellait-il aigrement son instrument, cause indirecte de ses déceptions : « *Vilaine carne*, lui disait-il avec la liberté de langage des Italiens injuriant au besoin les Saints et la Madone, c'est de toi que je dois me plaindre s'il m'est si difficile d'être joué sur une grande scène ! »

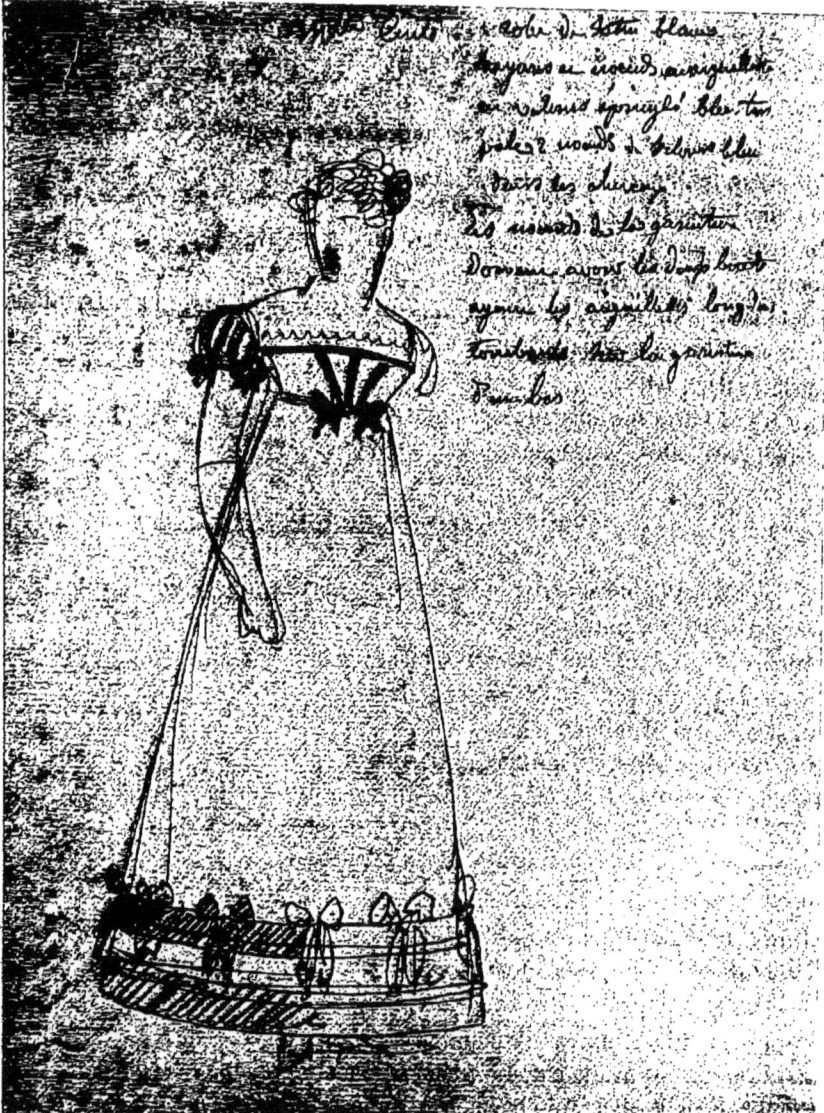

COSTUME DE Mlle CINTI DANS « COSI FAN TUTTE »

Après les œuvres, les interprètes. Parmi les nouvelles recrues il faut, dès l'automne de 1855, citer Mongini, qui débuta dans *Lucia*, et Mme Penco, déjà nommée, cantatrice de grand mérite, qui chanta d'abord *Otello*. Ne parlons que pour mémoire d'une véritable excentricité, produite assez bizarrement devant le public par la direction : il s'agissait d'un certain berger aveugle, nommé Picco. Le 16 décembre 1855, dans les entr'actes de *Fiorina*, il fit son apparition sur la scène, vêtu d'un costume pastoral que son pays, selon la remarque du narrateur auquel nous empruntons ces détails, n'avait sans doute jamais connu, et joua, non sans une certaine virtuosité, de la « tibia », nom poétique qui, dans la circonstance, ne désignait pas autre chose qu'un modeste flageolet.

L'assistance fut plus surprise que charmée, mais elle ne fit pas mauvais accueil à ce pâtre, vaguement évocateur du vers de Virgile :

Silvestrem tenui musam meditaris avena !

Après cette brève excursion dans le domaine de la musique, revenons aux artistes du chant avec Mlle Piccolomini qui devait épouser bientôt après le marquis Gaetani. Son souvenir rappelle moins encore le titre de *la Traviata* qu'elle créa, que celui d'une valse, *il Bacio*, dont elle donna aussi la primeur à Paris, et qui fit fureur.

Citons encore Mlle Marie Battu, l'une des chanteuses dont le nom mériterait le mieux de survivre, et qui fut une exquise Martha, Mmes Sarolta, Saint-Urbain et Guerra, Lucchesi, Morini, le baryton Delle Sedie, remarquable chanteur et excellent comédien, Badiali, Verger, le bouffe Zucchini, vraiment supérieur, Naudin, Mlle Trebelli. Signalons la rentrée dans *Semiramide* de Giulia Grisi. Ce fut, après huit ans d'absence, sa dernière apparition sur une scène où elle avait si longtemps régné. A noter aussi le passage de Roger dans ce théâtre; il n'y demeura pas plus longtemps que n'y était resté jadis Duprez. Comme Duprez il y débuta dans *Lucia*, le 5 février 1860. On se souvient que Roger avait, par un accident de chasse, été privé d'un bras. Dans le public on se récriait sur l'ingéniosité du spécialiste qui au bras naturel avait substitué un bras artificiel, et l'on citait — qui pourrait de nos jours en faire autant? — les vers de Delille, dédiés juste un siècle auparavant à

M. Laurent (nouvel Archimède disait le poète). Ces vers célébraient le bras mécanique d'un vaillant invalide que la guerre, et non la chasse, avait rendu manchot :

> O prodige, son bras reparaît sous sa main !
> Les nerfs sont remplacés par des fibres d'airain :
> De ses muscles nouveaux essayant la souplesse
> Il s'étend et se plie, il s'élève et s'abaisse.

Malheureusement la voix de Roger était fatiguée. Cet artiste de grand mérite dut bientôt renoncer à la scène.

En réalité, sous la direction Calzado, les deux débuts vraiment sensationnels et faisant époque furent ceux de Tamberlick dans *Otello*, le 24 mars 1858, et non en 1859, comme le dit Octave Fouque, et de la Patti dans *la Sonnambula*, le 19 novembre 1862.

Ceux qui, aux saisons italiennes du Théâtre des Nations (aujourd'hui Théâtre Sarah-Bernhardt) ont entendu Tamberlick vieilli, à la voix toujours puissante et timbrée mais devenue chevrotante, ne peuvent concevoir ce qu'était, à l'époque dont nous parlons, cet admirable ténor dont la célébrité égalait celle de Fontanarose,

> Connu dans l'univers et dans mille autres lieux.

Sa triomphale notoriété ne l'empêchait nullement d'avoir une peur terrible. Il en était de lui, à cet égard, comme plus tard de Fraschini, qui, arrivant à Paris précédé d'une réputation presque aussi brillante, éprouvait en débutant une frayeur indescriptible.

La voix de Tamberlick était extraordinairement étendue; elle montait, notamment, avec la plus grande aisance, jusqu'au fameux *ut* dièse de poitrine qu'il donnait à toute volée. Que cet *ut* dièse fut célèbre ! Il en est question dans maint livre du temps, et jusque dans *les Jeudis de Madame Charbonneau*, le pamphlet littéraire de Pontmartin. Le style, chez Tamberlick, était ample, la diction large. Ces hautes qualités se révélèrent particulièrement dans *Poliuto* où il trouva en Mme Penco une partenaire pleinement digne de lui donner la réplique.

22

Quant à la Patti, toute jeune encore (elle avait dix-neuf ans à peine), elle était déjà parvenue au sommet de la réputation. Mais, au rebours de ses deux

HENRIETTE SONTAG

grands « camarades » précités, il n'y avait pas en elle, dès cette date, la moindre trace de timidité ni d'émotion en scène. Nous avons eu la bonne fortune d'assister à ses prestigieux débuts. Nous étions ce soir-là en compagnie de notre vieux maître de musique, artiste à la physionomie un peu hoffmannesque, qui, d'un air inspiré, proféra cet oracle : « Elle enfoncera la Sontag ! ».

ADELINA PATTI

Combien de critiques se sont alors appliqués à tracer le portrait et la biographie de la nouvelle venue, que ses origines, du côté maternel, rattachaient à une artiste estimée de l'époque du Premier Empire, la Barilli. Adelina Patti était en ce temps-là une avenante jeune fille, svelte, élancée, à qui l'on n'aurait pu concéder la véritable beauté dans toute la force du terme; mais elle avait, en quelque sorte, plus et mieux. Sa figure était charmante, et tout illuminée par des yeux expressifs, pleins d'une sorte de curiosité ingénue. L'éclat gracieux et fin du regard faisait oublier ce que les traits pouvaient offrir d'un peu dur, d'un peu prématurément accusé ! Ajoutons que la débutante possédait d'admirables cheveux noirs et que ses sourcils très rapprochés prêtaient à son visage une expression sérieuse d'accord avec l'accent pathétique ou dramatique.

Que dire de la voix, étonnamment timbrée, avec des résonances de métal, mais, à coup sûr, de métal précieux, voix d'une homogénéité surprenante, d'une invraisemblable souplesse, se pliant à tous les complexes artifices de la vocalisation, telle que la développait la culture, alors florissante, du chant orné ! Sous ce rapport d'ailleurs, et à cette époque, la Patti n'échappait pas au reproche d'abuser de sa facilité pour surcharger le texte et y introduire, à l'occasion, des variantes, étonnantes sans doute d'effet, mais excédant les bornes d'un goût sévère. On sait que chez cette artiste vraiment supérieure, et docile aux conseils des maîtres, tout cela se rectifia assez rapidement.

Après la *Sonnambula*, Adelina Patti chanta avec un succès continu, sinon toujours égal, *le Barbier*, *Lucie*, *Linda*, *Marta*, *la Traviata*, *Don Juan* où elle fut une Zerline de qualité tout à fait rare, *les Puritains*, *la Gazza ladra*, *l'Elisir*, *Don Pasquale*, *Crispino*, *la Fille du Régiment*, etc., sans parler de la reprise assez malencontreuse de la *Jeanne d'Arc* de Verdi, remontée sur le désir exprès de la cantatrice; il est permis de supposer que ce qui la séduisait dans ce rôle, c'était le casque et l'armure. Plus tard, il fut question d'emprunter encore pour elle au répertoire de Verdi *Attila* et *Nabucodonosor*.

Mais nous ne voulons pas anticiper sur les événements. Revenons à Calzado. Avec la Patti il voyait la fortune lui sourire, quoiqu'il eût tout fait pour manquer cette aubaine, ayant été sur le point de refuser les 1.250 francs par soirée demandés par la naissante étoile qui, aussi bien, n'obtint jamais à Paris, du moins avant la guerre, des cachets de plus de 3.000 francs. A l'instant même où il touchait au succès rémunérateur, Calzado dut, nous l'avons dit, se retirer brusquement. Jusqu'à la nomination officielle d'un

LA SALLE DU THÉÂTRE VENTADOUR SOUS LA DIRECTION BAGIER

nouveau directeur, l'administration fut provisoirement confiée à M. Andrès Mico, sous la surveillance et le contrôle de M. Ed. Monnais, commissaire impérial près les théâtres lyriques subventionnés.

La saison 1862-1863 s'était terminée, le 30 avril, sur une représentation extraordinaire, dont le programme unissait, aux deuxième et troisième actes du *Trouvère*, le troisième acte de *Don Pasquale* et le deuxième de *Poliuto*. Le 15 octobre eut lieu la réouverture, avec *la Traviata* chantée par Mme Anna de Lagrange, Nicolini et Delle Sedie. Le nouveau directeur était M. Bagier.

Il avait passé, comme agent de change, par le monde des affaires. Homme de théâtre, il n'y avait plus pour lui de Pyrénées, car il prétendait cumuler, avec la direction de Paris, non pas comme Lumley, celle de Londres, mais celle de Madrid. Ses idées administratives étaient quelque peu incohérentes, ou même contradictoires, sous l'alternative préoccupation d' « aristocratiser » ou, au contraire, de « démocratiser » son théâtre. Il se montrait novateur en voulant donner une représentation par semaine, et presque révolutionnaire en refusant toute subvention.

Que d'originalités encore! C'en était une, assurément, d'installer le premier, à Paris, un couloir au rez-de-chaussée de la salle, une autre, de supprimer le parterre. Il se fit, d'ailleurs, du tort en modifiant trop souvent ses tarifs : ce n'est jamais ainsi que le simple public tourne à la véritable clientèle. En location il faisait payer les places moins cher qu'au bureau, ce qui sans doute, à force d'être sensé, parut déraisonnable. Il envoyait ses artistes jouer en province, moyen étrange pour un chef de tenir une troupe dans sa main et d'épargner aux gosiers délicats des chanteurs et chanteuses les rhumes, inflammations et autres dommages. Par une combinaison quelque peu singulière, il avait conclu un traité avec les membres d'un cercle, décoré du nom de Cercle philharmonique du Théâtre-Italien. Contre une modique cotisation annuelle de 400 francs, les membres dudit Cercle avaient chacun leurs entrées ; de plus, la direction, sans supplément de prix, mettait à leur disposition la bibliothèque du théâtre ainsi que le foyer...

En somme, Bagier avait les défauts de ses qualités : il était laborieux mais agité, entreprenant mais brouillon. Il s'occupait sans doute beaucoup de son théâtre, et les journaux du temps nous le dépeignent animé du désir de tout faire par lui-même : « Mise en scène, administration, régie, distribution, correspondance, il voit tout, dirige tout... Il ne bouge pas, continuait le rédacteur auquel nous empruntons ces lignes, du théâtre qu'il arrose lui-même, couvert d'une petite calotte qui ne l'empêche pas de s'enrhumer souvent. Il est d'une grande amabilité; son bonheur, sa passion, c'est le ballet, pour lequel il se croit les aptitudes de feu Vestris ». A dire vrai, ce goût trop prononcé fut plutôt funeste à sa gestion. Il était à peu près seul à se plaire à ces représentations chorégraphiques que, se sentant peu suivi, il n'annonçait même pas toujours sur l'affiche. Dans sa très grande généralité, le public goûtait médiocrement ce genre de surprises. Ce qui peut montrer à quel degré ce culte local de Terpsichore était peu à la mode, c'est la classification imaginée par Roqueplan, docteur et grand maître du vrai et pur parisianisme. Pour lui, les théâtres se divisaient en deux séries, dont la première était constituée par les théâtres *chic;* dans cette catégorie il faisait figurer en première ligne les Italiens avec cette réserve :. « sauf les jours de ballet ».

Nous avons conté que Bagier, à l'origine, avait fièrement déclaré ne pas vouloir de subvention; mais au bout de moins d'une année, dans des dispositions d'âme déjà moins cornéliennes, il se contredisait en invoquant d'ailleurs assez plausiblement le préjudice que pouvait lui causer la liberté des théâtres, pour solliciter les présents d'Artaxerxès si noblement refusés d'abord. La subvention, fixée à 100.000 francs, ne lui fut accordée qu'en 1866.

De nouveau, peu après, cette même liberté des théâtres devait lui jouer un mauvais tour, à Madrid cette fois.

Nous avons essayé de montrer l'homme; il est temps de passer à l'œuvre, à beaucoup d'égards intéressante, et de nous occuper de ce que Bagier ajouta au domaine exploité par ses prédécesseurs.

Nous ne nous attarderons pas à citer les titres de petits ballets insignifiants, dus à la monomanie, somme toute assez inoffensive, que nous avons décrite, et qui, en général, n'eurent qu'une très brève existence. En dehors de la danse, après la saison stérile de 1864, nous rencontrons un ancien opéra bouffe de Cagnoni, d'une certaine verve bouffonne, *Don Bucefalo; Leonora*, de Mercadante, qui décidément ne devait jamais obtenir un franc succès à Paris; *il Casino di campagna* de Vincenzo Mela, chanté par sa fille, la « femme-ténor », à la grande désillusion du public; *Locanda gratis*, un acte d'Alary; *Columella*, de V. Fioravanti, dont l'on a résumé ainsi la page maîtresse : « Le morceau le plus remarquable de cette partition est une sorte de cacophonie placée au second acte : la scène représente une maison de fous, dont les pensionnaires se mêlent de donner un concert; ils chantent à bouche fermée et estropient d'une façon grotesque l'ouverture de *Semiramide*. » N'est-ce pas déjà comme une vague anticipation du *Système du docteur Goudron et du professeur Plume ?*

Il conviendrait de citer encore *il Templario* d'Otto Nicolaï (ce templier est Brian de Bois-Guilbert et le sujet est celui d'*Ivanhoé); la Contessina* du prince Poniatowsky, avec son rôle « mimé »

GABRIELLE KRAUSS DANS « PICCOLINO »

comme celui de Fenella dans *la Muette;* le *Piccolino* de Mme de Grandval, chanté par Mlle Krauss; *Alina regina di Golconda,* de Donizetti; *la Serva padrona,* de Paisiello, avec Mlle Krauss désireuse, comme nous l'avons dit, de se produire, à l'exemple de Mme Penco, dans un rôle enjoué, etc.

Dans tout l'appoint des nouveautés et des reprises, il n'y eut qu'un franc
succès, *Crispino e la Comare;* la Patti devait par la suite chanter maintes fois,
en y triomphant, le principal rôle féminin de l'ouvrage, mais elle n'en fut
point la créatrice à
Paris ; la première
titulaire du per-
sonnage fut une
nièce de Fraschini,
Mlle Vitali, qui ren-
contra là l'unique
succès de sa car-
rière.

Elle était secon-
dée de la manière
la plus heureuse
par Zucchini et par
un chanteur jus-
qu'alors classé par-
mi les utilités, Mer-
curiali, qui, ayant
l'occasion de don-
ner sa mesure, ri-
valisa de drôlerie
plaisante et de ver-
ve bouffonne avec
Zucchini lui-même.

C'est un peu hors
cadre qu'il importe
de placer deux re-
prises retentissan-

LES SŒURS MARCHISIO DANS « SEMIRAMIDE »

tes, celle de *Fidelio* avec Fraschini et Mlle Krauss, et celle de *Guido e Ginevra.*
Il serait enfin regrettable de ne pas rappeler un souvenir demeuré saillant
dans la mémoire des rares survivants de ces générations déjà lointaines, le
souvenir de 1866 qui, pour plus d'un dilettante, fut l'année des *Trois Don*

23

Juan, et de leurs rivalités sur la triple scène de l'Opéra, des Italiens et du Théâtre-Lyrique. Sur *Don Juan*, à cette date, l'histoire anecdotique a un trait à recueillir, l'annonce qui courut les journaux qu'Offenbach écrivait un nouveau *Don Juan*. Le compositeur s'empressa de protester. « Il faudrait, écrivait-il, avoir perdu tout bon sens pour songer à refaire un tel chef-d'œuvre. » Il s'agissait, en réalité, d'un tout autre projet, celui d'une *Jeunesse de Don Juan* qui, au surplus, ne vit jamais le jour.

Pour ce qui se rapporte aux interprètes, nous avons déjà nommé les deux étoiles de première grandeur (Fraschini et Mlle Krauss), que Bagier révéla aux Parisiens. Citons aussi Nicolini qui, après avoir maintes fois chanté avec la Patti, devait finalement l'épouser; les sœurs Marchisio (dans *Semiramide*) ; Verger ; Mme Lagrua, dans la reprise de *Saffo* à laquelle nous avons déjà fait allusion; Pancani; Mlle Sessi, qui, par son mariage, devint baronne Steller; Tiberini et sa femme, étonnants de souplesse vocale, les derniers représentants peut-être d'un art dès ce moment démodé (tous les deux se firent applaudir dans *Matilde di Shabran*, dont nous reproduisons le décor principal, alors un peu défraîchi, l'un des meilleurs qu'ait composés Ferri, nommé plus haut à l'occasion de la retraite de Lumley); Bonnehée, qui a plutôt laissé sa trace à la suite de Barroilhet dans sa carrière d'opéra, etc. Mais, bien entendu, vers cette date, tous ces chanteurs, y compris ceux que nous avons nommés en premier, étaient, en fait de succès, dominés de beaucoup par la Patti, qui fanatisait le public. En 1870, sa représentation d'adieu rapporta 26.148 francs.

Quoiqu'ayant eu en mains, on vient de le voir, au double point de vue de la production et de l'interprétation, des « cartes » au moins aussi bonnes que celle de Calzado, Bagier n'arriva guère qu'à joindre, comme on dit, les deux bouts; mais, toujours en possession de son activité, il avait, pour sa saison 1870-71, retenu vingt représentations de la Patti et recruté de plus, en Italie, de nouveaux chanteurs. Ces préparatifs d'avenir du pauvre Bagier se trouvèrent terminés précisément au mois de juillet. La suite n'est que trop connue; ce fut l'ambulance organisée dans une partie des dépendances du théâtre et les portes de la salle à peine entr'ouvertes, durant l'hiver maudit, pour une ou deux auditions de bienfaisance.

C'est surtout à partir de ce moment que, nous souvenant des réflexions

UNE SCÈNE DE « MATILDE DI SHABRAN »

placées au début de cette étude, nous avons le devoir d'être bref, de crainte de n'apprendre rien à ceux qui nous lisent. Et puis en ces périodes dernières, l'intérêt du sujet s'épuise. Les années de gloire et de vogue sont bien loin. Le Théâtre-Italien n'est plus ce qu'il était. Il va bientôt devenir une entreprise intermittente ainsi que le journal de Jérôme Paturot qui s'annonçait humblement comme ne paraissant que « quelquefois ». Nous ne voudrions pas cependant nous montrer trop sévère à l'égard de cet épilogue, où il y eut encore bien des heures d'éclat artistique et de véritable intérêt.

Beulé qui, après des débuts peut-être trop vantés, eut une fin si malheureuse, et qui dans l'Assemblée Nationale eût joué volontiers le rôle de protecteur des arts, avait, par un discours à grand retentissement, obtenu entre autres choses le maintien éventuel de la subvention de cent mille francs pour les Italiens. Ceux-ci gardaient encore un peu dans les imaginations, à cette date, le prestige des « Bouffons » de jadis. Mais à la direction, il manquait un directeur. Les candidats brillèrent par leur absence, et s'il n'en restait qu'un, Bagier n'entendait pas être celui-là. Il se bornait à mettre, comme on dit des bâtons dans les roues, en élevant des réclamations plus ou moins fondées, soit à propos de son bail, soit au sujet du matériel et des décors qu'il affirmait être sa propriété privée. En 1872, cette situation peu engageante tenta cependant Amédée Verger, oncle du chanteur dont nous avons plus haut mentionné le nom. Il convient de porter tout d'abord à son actif les quatre belles représentations de *Matrimonio* dans lesquelles reparut Mme Alboni, à la grande satisfaction du public. La troupe d'ailleurs comprenait des éléments brillants. Fraschini, à la vérité, ne figura que sur un des programmes, mais on vit sur les planches des cantatrices de la valeur de Mmes Marie Sasse et Penco, des chanteurs tels que l'élégant Gardoni, Graziani, Nicolini, etc. Là se placent aussi la « carrière italienne » de M. Capoul et les débuts parisiens de l'Albani (Mlle Lajeunesse) qui, en venant du Canada où elle était née, avait fait, avec succès, escale à Covent-Garden.

Mais tout cela ne servit pas à grand'chose, tant il est difficile de rajeunir ou de galvaniser ce qui n'est plus à la mode. Afin de subsister, il fallut recourir à des combinaisons bizarres, et louer la salle pour des spectacles auxquels l'art italien était complètement étranger.

Le retrait de la subvention porta le coup de grâce à la direction Verger. L'histoire anecdotique gardera cependant le souvenir de sa guerre aux redingotes, de son effort pour rendre son théâtre souverainement élégant, enfin de la fondation d'un petit journal spécial, *les Italiens*, pour lequel, disait-on, les rédacteurs, bien qu'ils fussent cinq ou six, étaient plus nombreux encore que les lecteurs.

Cette peu enviable direction passa à MM. Strakosch et Merelli. L'hospitalisation de l'Opéra à Ventadour, après l'incendie de 1873, éprouva sérieusement cette entreprise naissante. Le public, pour fréquenter l'établissement, choisissait de préférence les jours d'opéra. Dans tout ce que l'on a monté alors, et qui consistait en reprises, il n'y a guère lieu de signaler que les délicieuses *Astuzie femminili* de Cimarosa, presque égales au *Matrimonio*. Peut-être aussi conviendrait-il de mentionner la triple remise à la scène de la *Cenerentola*, de *Semiramide* et du dernier acte du *Romeo* de Vaccai, avec Mlle de Belocca, pour principale et remarquable interprète dans ces trois œuvres.

Dans la troupe, c'est l'époque des artistes nés en France, mais s'italianisant tant bien que mal pour les besoins de la cause; un nommé Giland devenait Gilandi; un certain Devilliers fut quelque temps Devilie; Mlle Donadio, qui avait beaucoup de talent et débuta brillamment dans *la Somnambule*, s'appelait en réalité Dieudonné. Des éléments précieux étaient en outre fournis non seulement par Zucchini toujours présent, mais encore par Mlle Krauss, Mlle Belval, Marie Heilbron, la future créatrice de Manon, Delle Sedie, chantant encore en maître avec une voix quelque peu fatiguée, Mlle Brambilla. Enfin il serait injuste d'oublier un chanteur consommé, Padilla, applaudi tour à tour dans *Don Juan*, dans le Renato *d'un Ballo* et dans l'Assur de *Semiramide*, et aussi l'excellent chef d'orchestre Vianesi, qui, de même que Mlle Krauss et Mlle Belval, qu'il devait du reste bientôt épouser, passa plus tard à l'Opéra.

Il est de plus en plus difficile de suivre pas à pas une histoire qui, aussi bien, décroît en intérêt non moins qu'en cohésion et en régularité. Une mention suffit quant au « Troisième Théâtre Lyrique » pour lequel le persuasif Bagier réussit à se faire allouer une subvention de cent mille francs — cette subvention qu'on avait si malencontreusement retirée à Strakosch — et qui devait comporter une partie italienne. Les représentations italiennes étaient même, au début, les seules autorisées, en attendant l'émigration définitive d'Halanzier et de l'Opéra dans le monument flambant neuf de Garnier. Courte saison tout occupée par des reprises à propos desquelles on peut citer quelques interprètes, le ténor Fernando, l'agréable ténor Anastasi et surtout sa femme, Mme Pozzoni, la créatrice d'Aida au Caire, qui fut dans un Ballo une des meilleures Adelia que nous ayons entendues. Au début de l'année 1875 cinq représentations du *Freischutz* en français parurent tellement médiocres que le ministre ne crut pas devoir tenir la promesse d'une subvention faite à Bagier qui abandonna la partie.

Maintenant, l'histoire de Ventadour n'est presque plus que celle des fermetures. L'Italie, mais non la musique est quelque peu intéressée dans la campagne épisodique, en octobre 1875, du grand tragédien Rossi, jouant surtout des traductions de Shakespeare. Au mois de novembre de la même année on doit signaler la tentative d'un M. Enrico, dont l'éphémère direction ne dura, avec *Rigoletto*, que l'espace d'une soirée.

Mais un souvenir durable, et presque éclatant, est à bon droit demeuré de la direction Escudier, entreprise sérieuse, et qui eut surtout des débuts retentissants et mémorables avec *Aida*. On a dit maintes fois que le recul dans le temps est l'un des éléments indispensables pour apprécier, pour placer à leur rang définitif les ouvrages de l'esprit. En quelque haute estime que l'on tienne maintenant *Aida*, l'on ne peut se figurer, à distance, l'extraordinaire impression produite par cet ouvrage lorsque, le 22 avril 1876, il fut donné pour la première fois à la salle Ventadour. On admirait l'étonnante faculté d'évolution de l'auteur, sa constance dans l'effort, son opiniâtreté dans la lutte, sa persévérance dans le progrès; on applaudissait frénétiquement les pages les plus saillantes de la partition : le triomphe de Radamès, le tableau du Nil, la scène finale où, dans la crypte lugubre du temple, semble s'exhaler l'âme des deux amants tandis que là-haut se poursuivent au son des flûtes les invocations mystiques du chœur sacerdotal, les processions symboliques et les danses sacrées des prêtresses, sur des motifs d'une couleur orientale si caractéristique, qu'un critique dont la clairvoyance et la compétence n'étaient certes pas contestables, Reyer, les avait crus tout d'abord empruntés au folklore égyptien; et quels interprètes! — nous les avons déjà nommés, Teresina

Stolz, Waldmann, l'admirable *mezzo* qu'un tortil de baronne arracha trop vite au théâtre, M. Masini, acclamé dans le duo du troisième acte, M. Pandolfini, sans parler, dans le rôle du roi, de l'aîné des frères De Reszké, Édouard, devenu pour la circonstance Edoardo.

Mais, en dehors même des « grandes vedettes », quels appointements avait à payer le pauvre directeur, avec les 8.000 francs mensuels de M. Pandolfini, un peu plus tard les 8.600 francs de Mme Sanz, les 3.500 francs par soirée de Mlle Albani! Escudier fit encore paraître Mme Gueymard, Alice Urban, Tamberlick, Aramburo, Pantaleoni, sans oublier Jean de Reszké, qui, alors baryton, représentait tour à tour Severo de *Poliuto* et Figaro du *Barbier*.

Dans son répertoire, nous ne voyons à relever que *la Forza del Destino*, alors inconnue en France, la *Zilia*, de Gaspar Villate, et *Alma l'incantatrice*, de Flotow. A titre de curiosité, car ce n'est point là du théâtre, nous noterons aussi, à l'aurore de cette direction, l'exécution unique, dans la journée, devant quelques invités, d'un quatuor pour instruments à archet de Verdi.

La direction Escudier changea peu à peu de caractère et ne présenta plus rien d'italien, puisqu'*Aida* finit par être chantée, à Ventadour, en français ! C'est à cette série française que se rattachent les intéressantes représentations du *Capitaine Fracasse*, de M. Émile Pessard, et des *Amants de Vérone*, du marquis d'Ivry. Peut-être Escudier aurait-il mieux réussi s'il n'eût pas été, à un moment critique, abandonné par la Patti qui, à la suite de son divorce, préféra à l'exécution de sa promesse le versement de *cent mille francs*, compensation bien insuffisante.

Somme toute, cet effort d'Escudier aurait mérité d'être mieux récompensé. Quelle dépense d'activité ! et, dans les détails, que de prévenance, que d'amabilité courtoise ! Les entrées permanentes étaient facilement accordées. Aux moindres débuts les billets pleuvaient chez les moindres critiques. Le gendre du directeur, debout à proximité du contrôle, vous accueillait avec le plus engageant sourire ; il ne se montrait un peu froid, ou du moins réservé, que si l'on se présentait seul. La légende affirmait que pendant les entr'actes il rôdait dans les couloirs, en vue d'emmener les critiques, influents ou non, se rafraîchir au buffet. La regrettable transformation, en 1879, de la salle Ventadour, marque, dans cette histoire, un nouveau stade.

Le théâtre devenait une banque. On voit d'ici les regrets, les lamentations
que devait engendrer une transmutation pareille ! Le sanctuaire de l'art
devenu le sanctuaire de la finance ; l'or des guichets prenant la place de celui
qui sortait du gosier des cantatrices, etc., etc. ! C'était, et l'on n'y manqua
point, une belle occasion de faire une nouvelle allusion à l'apostrophe où
Juvénal invective la déesse *Pecunia* et son temple !

En matière d'exploitation théâtrale comme en matière de tragédie, il est
grave de manquer à la règle de l'unité de lieu. Qu'est-ce qu'un Théâtre-Italien
non seulement intermittent, mais qui n'est même plus intermittent sur place ?
Cependant — et jusqu'à la date la plus récente — quelques-unes de ces entreprises d'un caractère temporaire ont présenté un vif intérêt artistique et la
tâche que nous avons commencée demeurerait incomplète si nous ne leur
faisions, en terminant, une petite place.

C'est ainsi qu'en 1880 nous trouvons à l'Opéra-Populaire (lui-même
de nature ambulante et installé alors à la Gaîté) les représentations de la
troupe italienne de M. Merelli, où brillaient en constellation sur un ciel un
peu obscur la Patti et Nicolini. Peu au courant des usages parisiens,
M. Merelli se montra envers la presse aussi avare de billets qu'Escudier en
avait été prodigue. Cela, d'ailleurs, ne nuisit pas au succès de ces soirées, dont
le répertoire ne comportait que des œuvres connues, mais ayant l'avantage
de montrer la grande cantatrice sous son extraordinaire variété d'aspects,
tour à tour dramatique ou enjouée, passant aisément de *la Traviata* au *Barbier*, de *Rigoletto* à *Don Pasquale*.

Dix-sept représentations analogues données l'année suivante par la
Patti, mais cette fois au Théâtre des Nations, ne produisirent pas moins de
487.687 francs.

Dans cette existence accidentée d'un théâtre dont nous rappelons de plus
en plus sommairement l'histoire, un épisode artistiquement important est
marqué, en 1883, par la direction de M. Maurel, associé d'abord aux frères
Corti, au Théâtre des Nations qui prit alors la dénomination, que ne devait
plus revendiquer aucune scène parisienne, de Théâtre-Italien. Cette entreprise fort mondaine et, en même temps, un peu cosmopolite, remua beaucoup d'argent, mais le « Doit » finit par l'emporter sur l' « Avoir ».

L'ouverture s'était effectuée dans des conditions particulières que

THÉATRE ITALIEN

Le Théâtre Italien
prie M. Soubies

de lui faire l'honneur de venir passer la soirée
le Mardi 27 Novembre
Orchestre   N° 16.

SIMON BOCCANEGRA
Mélodrame en un prologue et 3 actes
de
F. M. PIAVE
Musique de
G. VERDI

Personnages	Prologue		Interprètes
Simon Boccanegra	Corsaire	Baryton	Victor Maurel.
Jacopo Fiesco	Noble Ginois	Basse	Edouard de Reszke
Paolo Albiani	Fileur d'or Génois	Baryton	Giovanni Villani
Pietro	homme du peuple	Baryton	Filippo Mignoni

Marins, peuple, domestiques etc.

Drame

Simon Boccanegra	Premier Doge de Gènes	Baryton	Victor Maurel
Maria Boccanegra	sa fille sous le nom d'Amélia	Soprano	Fidès Devries
Jacopo Fiesco	sous le nom d'Andréa	Basse	Edouard de Reszke
Gabriele Adorno	Gentilhomme	Tenor	Ottavio Nouvelli
Paolo Albiani	Courtisan favori	Baryton	Giovanni Villani
Pietro	autre Courtisan	Basse	Filippo Mignoni
Un capitaine d'armes		Tenor	Luigi Paroli
Une suivante d'Amélia		Soprano	Maria Poli

Soldats, Marins, Peuple, Sénateurs, Cortège du Doge, etc.

L'action se passe à Gènes vers le milieu du XIV Siècle.

Entre le prologue et le drame, il y a un espace de 25 années.

rappelle l'affiche dont nous donnons la reproduction Deux ans auparavant avait eu lieu à la Scala, avec M. Maurel pour principal interprète, la
reprise d'une œuvre de Verdi, *Simon Boccanegra*, froidement accueillie à l'origine, en 1857, et dont, pour la circonstance, M. Boïto avait retouché le livret,
et le compositeur revu et augmenté la partition.

La presse italienne et un certain nombre de critiques français avaient
applaudi à cette tentative analogue à celle qu'on avait faite avec *Macbeth* en
1865 au Théâtre-Lyrique. Qui de nous, écrivait-on, en écoutant quelques-
unes des premières œuvres de l'auteur du *Trouvère*, en admirant cette verve
juvénile, cette fougue dans la passion, cette intensité de vie, n'a pas cent fois
déploré tout bas la brutalité de l'exécution et la négligence de l'ouvrier ?
Combien souvent avons-nous eu à les compter ces cavatines où l'inévitable
cornet à pistons s'acharne à suivre le chant note à note, avec une fidélité
voisine de l'obstination ; ces duos faits de sixtes et de tierces emmêlées ; ces
formidables ensembles où tout marche à l'unisson, les cordes et les bois, les
cuivres et les voix ; ces accompagnements avec leurs beaux accords ou pla-
qués, ou découpés par tranches d'arpèges ; ces trémolos, tout ce langage
enfin qui trahit peut-être l'inexpérience mais plutôt la profonde indifférence
du compositeur !

Sans doute, continuait-on, sur cette trame rudimentaire se détachent
d'admirables dessins mélodiques. Mais, pour atteindre la perfection, il eût
fallu mêler à l'inspiration de la jeunesse la science de l'âge mur, être jeune
et vieux tout ensemble. Ce privilège, le génie lui-même ne le possède pas.
Restait un moyen terme ; prendre une œuvre ancienne, la remettre sur
l'enclume, et d'un bras plus puissant, d'une main plus ferme, la forger à
nouveau.

C'est ce qu'avait essayé de réaliser Verdi. Des fragments entiers de la
version primitive avaient disparu pour faire place à d'importantes pages
inédites. L'harmonie et l'orchestration avaient été revues avec le plus grand
soin ; les points d'orgue et les « ornements » avaient été biffés impitoyablement. Il n'est pas jusqu'aux fragments d'actes qu'on avait eu soin de divi-
ser en « scènes », simple trompe-l'œil, du reste, pour les partisans des
réformes wagnériennes. Rappelons, en passant, que l'édition primitive était
devenue, par suite de cette transformation, une curiosité musicale, une rareté

bibliographique. M. Ricordi avait ordonné, en effet, de retirer du commerce tous les exemplaires et de détruire les planches.

L'œuvre ne reçut à Paris qu'un assez froid accueil en dépit du talent déployé par MM. Maurel, Nouvelli, Ed. de Reszké, et par Mme Fidès Devriès qui obtint, dans le rôle d'Amélia, un véritable triomphe. Chose singulière, c'est le choix du sujet, c'est le poème qui, séduisant le compositeur, lui avait paru justifier un deuxième travail, et c'est précisément ce sujet, ce poème, qui, en dépit des ingénieuses retouches opérées par M. Boito, indisposa le public et l'empêcha peut-être de rendre pleine justice à la musique dont quelques pages, tout au moins, avaient une haute valeur, la fin du dernier acte, par exemple. On avait là, en effet, un mélodrame, comme l'auteur avait eu soin de le marquer, un gros mélodrame en trois actes et un prologue, avec vol et substitution d'enfants, usage de faux noms, enlèvement de jeune fille, conspiration dans la coulisse et empoisonnement sur la scène, tout ce magasin d'oripeaux passablement fanés dont les librettistes italiens faisaient encore leur profit, mais où, chez nous, les scènes du boulevard trouvaient seules à se fournir.

Nous avons insisté quelque peu sur cette reprise, d'abord parce que sa médiocre réussite déjouant les prévisions optimistes de M. Maurel l'obligea à reconstituer *ex abrupto* un répertoire forcément composé d'ouvrages connus, *Marta, i Puritani, Ernani*, puis parce qu'elle montre combien la tâche à laquelle Verdi s'était livré était malaisée à remplir. Bien d'autres compositeurs l'ont entreprise sans plus de succès. Il y manque cette unité d'inspiration et de style que, malgré l'adresse du ciseleur, les œuvres remaniées longtemps après leur apparition ne réalisent presque jamais qu'imparfaitement.

La deuxième primeur offerte par M. Maurel au public n'en était une, comme *Simon Boccanegra*, que pour les Parisiens. Il s'agissait d'*Hérodiade* ou plutôt d'*Erodiade;* c'est en effet sous ce titre italianisé que cet opéra, écrit par un Français sur un livret français, et destiné à une scène française, avait dû, après trois années d'attente, être porté par les auteurs, MM. Massenet et P. Milliet, à Bruxelles où, le 20 décembre 1881, il avait obtenu le plus vif succès. Les interprètes en Belgique avaient été MM. Manoury, Vergnet et Fontaine, Mmes Duvivier et Deschamps. Ils avaient pour successeurs à Paris

M. Maurel, les frères de Reszké, Mmes Fidès Devriès et Tremelli. L'ouvrage
fut joué dix fois, alternant avec *Lucrezia Borgia*, où se produisit M. Gayarré,
le célèbre ténor que, seule peut être parmi toutes les capitales de l'Europe,
Paris ne connaissait pas encore. On ne manqua pas de noter que si le Théâtre-
Italien devait être sauvé, il le serait par un chanteur espagnol et un opéra
français. Deux opéras français, aurait-on pu même ajouter quelques mois
plus tard, puisque c'est sous la direction Maurel que l'œuvre théâtrale la plus importante et la plus remarquable de M. Théodore Dubois,
Aben-Hamet, fut donnée, toujours en italien, naturellement, le 16 décembre,
avec une interprétation comparable à celles que nous avons déjà mentionnées.
Aux noms de M. Maurel, dont le rôle avait primitivement été destiné à M. Las-
salle, et de M. Ed. de Reszké, étaient associés, cette fois, ceux de Mlle Calvé, qui
fit aussitôt la conquête du public par sa distinction, l'excellence de son style
et le charme de sa voix pure, étendue et flexible, de Mlles Lablache et Janvier.

Aben-Hamet fut la dernière pièce montée par M. Maurel qui, pour com-
ble de malchance, avait vu les débuts de sa dernière saison troublés par
l'apparition du choléra ; il avait même, le 15 octobre, organisé au bénéfice
des victimes de l'épidémie, une représentation extraordinaire d'un attrait
exceptionnel. Il s'était assuré le concours de Mme Ristori, admirable dans la
scène du somnambulisme de *Macbeth*, de Mlle Bartet, de Coquelin et de
M. Febvre, qui jouèrent une amusante comédie de Pierron, *Livre III chapitre I*, comme on ne l'avait certainement pas jouée encore et comme vraisemblablement on ne la rejouera jamais, et, pour la partie musicale, de
Tamberlick, Ritter et Kowalski, de Mmes Sembrich, Ritter et Sonieri.

Somme toute, on doit un souvenir reconnaissant à cette direction. En
dépit du bizarre appareil d'un travestissement étranger, elle nous fit connaître
deux œuvres françaises de la valeur d'*Hérodiade* et d'*Aben-Hamet ;* elle remit
à la scène, dans des conditions souvent heureuses, maintes œuvres d'un
répertoire longtemps aimé ; elle nous fit entendre des artistes, pas tous italiens évidemment, quand il s'agissait de M. Maurel et de Mme Devriès, de
MM. et Mlle de Reszké, de Mlle Litwinoff, la future Litvinne, de Mmes Sembrich, Calvé, ainsi que de M. Gayarré né au sud, mais dans une autre péninsule, en tout cas des artistes d'un talent rare et dont les succès d'interprétation méritaient qu'on les enregistrât.

Dans cette troupe d'exécutants habiles, l'Italie authentique fut, nous le répétons, toujours en infériorité numérique très marquée. Encore ne faut-il pas, ainsi que nous l'avons fait remarquer en d'autres circonstances, se laisser prendre à la trompeuse apparence des noms; citons par exemple celui de Mlle Valda, qui déguisait l'origine américaine de cette jeune artiste, remarquée dans le rôle du page d'*un Ballo*.

Cette absence de chanteurs venus d'au delà des Alpes justifiait, dans une certaine mesure, les récriminations des amateurs pour qui la conception, à Paris, d'un Théâtre-Italien, était une simple survivance, le souvenir décevant d'une institution désadaptée aux goûts et aux besoins mondains. A quoi bon, disaient-ils, un Théâtre-Italien, quand ce n'est plus le traditionnel style vocal d'Italie qui y prévaut, et quand, au demeurant, on n'a plus guère d'Italiens à y produire?

Toutefois, pour le Théâtre Maurel, il faut sauver de l'oubli les noms de quelques chanteurs italiens « bon teint », tels que le baryton Broggi, un Don Carlos qui menait avec puissance le finale d'*Ernani*; Mme Tremelli, excellent contralto; M. Stagno, vocalisateur adroit, mais qui demeura écrasé sous l'énormité d'une réclame maladroite, M. Nouvelli, et Mme Tetrazzini, assez réellement dramatique.

Pour terminer ce court résumé de l'histoire de notre dernier Théâtre-

Italien, nous donnerons la liste et le nombre des représentations des œuvres jouées pendant la gestion Maurel :

BELLINI : *I Puritani*, 6 représentations; *la Sonnambula*, 4.

DONIZETTI : *Lucia di Lammermoor*, 12; *Lucrezia Borgia*, 7.

DUBOIS (Théodore): *Aben-Hamet*, 4.

FLOTOW (DE) : *Marta*, 6.

MASSENET : *Erodiade*, 10.

ROSSINI : *Il Barbiere di Siviglia*, 5.

VERDI : *Un Ballo in maschera*, 9 ; *Ernani*, 17 ; *Simon Boccanegra*, 8; *la Traviata*, 7; *il Trovatore*, 5.

Treize ouvrages répartis exactement en cent soirées, dus à sept compositeurs, dont trois encore vivants (l'auteur de *Marta* était mort l'année même de l'inauguration du nouveau Théâtre-Italien), tel avait été le bilan de la direction Maurel. De simples « saisons » italiennes, voilà tout ce que nous aurons dorénavant à mentionner.

La première en date eut lieu en 1889, au théâtre de la Gaîté. Il s'agissait simplement, à l'occasion de la quatrième Exposition universelle, de produire une troupe d'importation temporaire, mais habilement recrutée par un homme de haute expérience et de sens musical averti, M. Sonzogno. Nous croyons d'ailleurs qu'il entendait surtout faire une démonstration en l'honneur de la bannière artistique italienne, et que, dans sa pensée, il n'était nullement question d'une spéculation. C'est ainsi que nous réentendîmes *les Puritains, Linda, Lucie, la Somnambule, Marie de Rohan,* qui, chantée primitivement par Ronconi et la Grisi, avait, depuis sa dernière inscription sur l'affiche, dormi d'un sommeil de vingt-quatre années, *le Barbier,* surtout, joué avec infiniment de verve et une remarquable homogénéité par MM. Fagotti, Frigiotti, Cotogni, Lorrain et Mme Sembrich.

A ces œuvres, il convient d'en ajouter deux, d'un genre tout différent, et qui, par une coïncidence singulière, avaient cessé la même année (1863) de figurer sur une affiche parisienne, celle du Théâtre-Lyrique : *l'Orphée* de

Gluck, avec un total de cent trent-quatre lucratives soirées, *les Pêcheurs de Perles* de Bizet, après une carrière plus modeste de dix-huit représentations.

Nous avons dit un mot de la réapparition d'*Orphée* dans le précédent chapitre. Quant aux *Pêcheurs de Perles* (*i Pescatori di Perle*), obligés, comme

Hérodiade, en revenant de l'étranger, de parler italien à Paris, M. Sonzogno avait voulu, par une délicate attention, composer, avec cette réapparition sensationnelle, son spectacle d'inauguration. Est-ce guidé par le même sentiment qu'il avait confié les rôles principaux à trois artistes français, MM. Talazac, Lhérie et Mlle Calvé? Quoi qu'il en soit, la presse se montra sensible au procédé de l'impresario et le lui marqua par des articles sympathiques où elle ne se fit pas faute, d'ailleurs, de relever les étranges billevesées qu'avait inspirées originairement aux critiques l'audition de l'œuvre de Bizet.

Avant de rappeler les quatre « saisons » par la brève mention desquelles se terminera notre résumé, nous donnerons un souvenir à certaines représentations ou séries de représentations isolées d'œuvres dont l'interprétation n'était du reste pas toujours exclusivement italienne : telles furent d'abord, en 1897, les six auditions, à l'Opéra, de l'*Otello* de Verdi, où les chœurs seuls chantaient en français, avec Tamagno comme protagoniste. Ce fut le premier et le dernier contact avec le public parisien du célèbre chanteur dont on admira la belle voix de ténor, solide, étoffée et brillante, montant avec une parfaite aisance jusqu'au sommet de l'échelle. Tragédien, Tamagno mettait surtout en valeur les côtés violents, abrupts, parfois brutaux du rôle. Grâce à lui, nous voyions par une sorte de magie, se dresser devant nous le rude homme de guerre, en proie à tous les tourments du désir, du soupçon, de la jalousie, et sur les robustes épaules duquel l'Amour a, en quelque manière, attaché la tunique de Nessus. Cette véhémence exigeait un effort quasi surhumain pour lequel l'artiste se dépensait sans faiblir.

Notons dès maintenant pour compléter la liste des exécutions « bilingues », encore à l'Opéra, en 1908, celle de *Rigoletto,* chanté par MM. Caruso, Renaud, Mmes Melba et Petrenko, et, à l'Opéra-Comique, celle de *la Tosca,* interprétée par M. Scotti et Mlle Farrar. Mentionnons, d'autre part, en 1904, au Théâtre Sarah-Bernhardt, une représentation de *Rigoletto* où se fit acclamer pour la première fois à Paris M. Caruso, brillamment secondé par M. Renaud et Mlle Cavalieri, et, en 1908, au même théâtre, une audition du *Barbier* où, aux côtés de MM. Smirnow, Ancona, et de Mlle de Hidalgo, M. Chaliapine dessina, avec un relief saisissant, la figure de Bazile. Signalons d'autre part, en 1909, à l'Opéra, la belle représentation de *la Vestale,* donnée par les artistes de la Scala, et — pour mémoire seulement — l'interprétation, la même année, à la Gaîté, de *Lucia di Lammermoor,* par une troupe d'enfants.

Quatre ans auparavant avait eu lieu, au Théâtre Sarah-Bernhardt, la première des quatre « saisons » auxquelles nous faisions précédemment allusion. L'organisateur, comme pour celle de la Gaîté en 1889, était M. Sonzogno. Mais le but poursuivi était tout autre. Il s'agissait, non plus de nous donner à réentendre des opéras anciens, mais de nous faire connaître quelques-unes des œuvres — (en se bornant à celles qu'avait éditées l'impresario lui-même) — des représentants actuels de la musique italienne. Nul n'ignore qu'en celle-ci s'est peu à peu affirmée une curieuse tendance vers une espèce de réalisme ou de prosaïsme, tendance caractérisée par le terme générique de « vérisme ».

Nous n'avons pas à traiter ici de cette partie de l'évolution musicale de nos voisins. Nous ne saurions le faire utilement d'ailleurs, puisque, limité

UNE SCÈNE DE « MEFISTOFELE »

par notre donnée à ce qui a été chanté en « italien », nous ne pourrions, par exemple, comprendre dans notre étude deux des productions les plus significatives de M. Puccini. Contentons-nous, en ce qui concerne la série Sonzogno, de rappeler les titres des pièces jouées alors : l'Amico Fritz, de M. Mascagni ; Zaza, de M. Leoncavallo ; Adriana Lecouvreur, de M. Cilea ; Chopin, de M. Orefice. Une mention spéciale est due, toutefois, aux trois ouvrages, André Chénier, Fedora et Siberia, d'un compositeur dont aucune œuvre n'avait encore été donnée à Paris, M. Giordano. La dernière, surtout, fut alors accueillie par la presse et par le public avec une égale faveur, entente trop exceptionnelle pour que nous ne la signalions pas. Ajoutons que l'interprétation de cette suite d'opéras tous inconnus des Parisiens; *le Barbier* excepté, avait été confiée par M. Sonzogno à des artistes de valeur, Mmes Stehle, Pinto, Cavalieri, Berlendi, MM. Basi, Sammarco, de Lucia, Ruffo, M. Caruso enfin, dont le succès fut éclatant dans *Fedora*.

Des interprètes à la hauteur des œuvres interprétées, voilà ce qui manqua, hélas ! à la série de représentations italiennes qui, en 1910, se déroula successivement à la Gaîté et aux Folies-Dramatiques. Le produit des vingt-deux soirées et matinées où l'on entendit *la Somnambule, le Barbier, le Trouvère, Don Pasquale, Norma* et *les Puritains* ne fut que de 38.680 fr. 75 c. Ce total était inférieur, très inférieur même à la recette *minima* de la saison organisée l'année suivante, au Châtelet, par M. Astruc, et durant laquelle se succédèrent sur l'affiche, outre une œuvre nouvelle pour Paris, *Manon Lescaut* de M. Puccini, *Cavalleria rusticana, Paillasse, Aida, Otello* et *Falstaff*, interprétés par MM. Caruso, Amato, Scotti, Slézak, Mmes Destinn, Alda, Alten, Bori, etc. Non moins brillante enfin devait être, au printemps dernier, la série qui nous a valu d'entendre à l'Opéra, sous la direction de M. Gunsbourg, *le Barbier* et *Rigoletto* d'une part, *la Fiancée du Far West* de M. Puccini, et le *Mefistofele* de M. Boito, de l'autre, interprétés par la troupe lyrique de Monte-Carlo, avec des protagonistes tels que MM. Chaliapine, Caruso, Ruffo, Smirnow, Mmes Agostinelli, de Hidalgo, Carmen Mélis.

Nous voici parvenu au terme de notre tâche. De cet exposé à la fois trop long et trop bref, trop long pour la patience de nos lecteurs, trop bref pour l'ampleur et la variété d'aspects du sujet, quelles conclusions se dégagent? Nous ne prétendons point fournir ici toutes celles que suggérerait l'étude approfondie de faits si complexes, et, en un certain sens, si délicats. Que la musique italienne, même dans ses parties aujourd'hui le moins en faveur, ait, historiquement, une grande importance, c'est ce qu'aucun esprit sensé ne sera tenté de contester. D'un autre côté il semble que, sauf de rares exceptions, les ouvrages appartenant à l'ancien répertoire italien ont perdu leur puissance d'attraction. Encore un certain public persiste-t-il à les applaudir ou ne proteste-t-il nullement en tout cas par son abstention contre leur maintien au programme de nos principales scènes. En réalité, ceux qui, en musique, se sont désaffectionnés de ces œuvres, correspondent à ce que sont en littérature les purs lettrés. Pourquoi ? Parce que, nouvelles d'aspect et de sentiment pour les contemporains de Charles X et de Louis-Philippe, elles paraissent maintenant, aux personnes musicalement cultivées, dépassées par les compositions plus étoffées, plus nourries, plus étudiées qui se sont

UNE SCÈNE DE « LA FANCIULLA DEL WEST »

produites antérieurement ou depuis. Tel opéra reste intéressant par le souffle, l'élan, le sentiment dramatique, la connaissance profonde des ressources vocales, la franchise de l'inspiration, la justesse de l'accent, et l'on sait à cet égard en quelle estime toute particulière un juge peu suspect, Richard Wagner, tenait Bellini dont la musique, selon sa propre expression, « parlait au cœur » ; mais on est en droit d'y critiquer trop souvent, comme nous l'indiquions pour la première version de *Simon Boccanegra*, la monotonie, la facture sommaire, les disparates de style, la trace souvent trop visible de l'improvisation ; il y manque cette garantie durable que la forme peut

seule conférer, la forme pure, soignée, éla-
borée avec patience, qui, d'ailleurs, mise au
service d'une inspiration géniale, a préservé
des atteintes du temps deux œuvres, non
italiennes, et qu'il faut d'autant plus louer
les directeurs du Théâtre-Italien d'avoir
inscrites ou maintenues sur leurs affiches
quand on les délaissait ailleurs:
Fidelio et *Don Juan*.

UNE SCÈNE DE « DON JUAN »

TABLE DES MATIÈRES

TABLE DES GRAVURES

IMPRIMERIE CHAIX, RUE BERGÈRE, 20, PARIS. — 17004-8-10. — (Encre Lorilleux).

NOMBRE DES REPRÉSENTATIONS

OUVRAGES DU MÊME AUTEUR

IMPRIMERIE CHAIX, RUE BERGÈRE, 20, PARIS. — 17004-10-10. — (Encre Lorilleux).

www.ingramcontent.com/pod-product-compliance
Lightning Source LLC
Chambersburg PA
CBHW071939090426
42740CB00011B/1752